위대한 기업은 다 어디로 갔을까

HOW THE MIGHTY FALL :
AND WHY SOME COMPANIES NEVER GIVE IN
by Jim Collins

Copyright ⓒ2009 by Jim Collins
All rights reserved.

This Korean edition was published by Gimm-Young Publishers, Inc. in 2010 by arrangement with Jim Collins c/o Curtis Brown, Ltd., New York through KCC(Korea Copyright Center Inc.), Seoul.

왜 어떤 기업은 위대한 기업으로 건재한 반면, 다른 기업은 시장에서 사라지거나 몰락하는가

위대한 기업은 다 어디로 갔을까?

HOW THE MIGHTY FALL

짐 콜린스

김명철 옮김

김영사

위대한 기업은 다 어디로 갔을까

저자_ 짐 콜린스
역자_ 김명철

1판 1쇄 발행_ 2010. 7. 12.
1판 22쇄 발행_ 2025. 3. 26.

발행처_ 김영사
발행인_ 박강휘

등록번호_ 제406-2003-036호
등록일자_ 1979. 5. 17.

경기도 파주시 문발로 197(문발동) 우편번호 10881
마케팅부 031)955-3100, 편집부 031)955-3200, 팩스 031)955-3111

이 책의 한국어판 저작권은 KCC를 통한
커티스 브라운 사와의 독점 계약으로 김영사에 있습니다.
저작권법에 의해 한국 내에서 보호를 받는 저작물이므로
무단 전재와 무단 복제를 금합니다.

값은 뒤표지에 있습니다.
ISBN 978-89-349-3949-8 03320

홈페이지 www.gimmyoung.com 블로그 blog.naver.com/gybook
인스타그램 instagram.com/gimmyoung 이메일 bestbook@gimmyoung.com

좋은 독자가 좋은 책을 만듭니다.
김영사는 독자 여러분의 의견에 항상 귀 기울이고 있습니다.

"**승승장구**하느냐, **실패**하느냐.
오래 지속되느냐, **몰락하느냐**.
이 모든 것이 주변 환경보다는
스스로 어떻게 하느냐에 달려 있다."

짐 콜린스

서문

위대한 기업도 언제든 쓰러질 수 있다

―

 마치 수박 두 통을 한꺼번에 삼킨 뱀이 된 기분이다. 나는 동료인 모턴 핸슨Morten Hansen과 함께 6년 동안 진행해온 연구 성과에 기반을 둔 차기작을 준비하고 있었다. 책의 주제는 "통제할 수 없을 정도로 급변하는 혼란의 시대에 이를 극복하고 성공하기 위해 무엇을 해야 하는가"였다. 책의 자료 조사가 마무리되는 동안 기분전환 삼아 그저 한 편의 기사를 쓰기 위해 "위대한 기업이 몰락하는 이유"를 밝히기 위한 프로젝트를 시작했다. 하지만 그것을 기사 한 편으로 압축하기란 쉽지 않았고, 결국 당신이 지금 읽고 있는 이 책으로까지 발전했다. 처음에는 혼돈에 관한 책을 완성할 때까지 이 프로젝트를 보류할까 생각했지만, 때마침 거대한 도미노가 무너지듯 크고 강한 기업들이 무너지기 시작했다.

2008년 9월 25일, 나는 재앙과도 같은 사건들에 놀라며 유나이티드항공 비행기 안에서 맨해튼 전경을 내려다보고 있었다. 당시 〈포천〉 500대 기업 중 156위를 차지하던 베어스턴스Bear Stearns는 주말에 진행된 굴욕적인 협상 끝에 JP모건체이스에 인수되었다. 리먼브러더스Lehman Brothers는 158년의 찬란했던 역사를 뒤로하고 끝내 파산했다. 만신창이가 된 패니메이Fannie Mae와 프레디맥Freddie Mac은 구제금융을 수혈 받았다. 빈영하는 미국의 상징이던 메릴린치는 끝내 공개 매각되었다. 워싱턴뮤추얼은행은 역사상 최대의 상업은행 파산 사례가 될 위기에 처했다. 미국 정부는 제2의 대공황을 모면하기 위해 안간힘을 다하며 70여 년 만에 최대 규모의 사유자산 인수에 착수했다.

분명히 밝혀두지만 이 책은 2008년 월스트리트 금융위기에 관한 것도 아니고, 자본시장의 망가진 메커니즘을 어떻게 바로 잡을 것인가를 말하지도 않는다. 이 작업의 발단은 《성공하는 기업들의 8가지 습관Built to Last》과 《좋은 기업을 넘어 위대한 기업으로Good to Great》에서 연구한 한때 잘나가던 몇몇 기업을 포함해, 역사상 가장 위대하던 기업들 중 일부가 왜 몰락했는지 궁금하게 여기기 시작한 5년 전으로 거슬러 올라간다.

이 책의 목적은 정확한 연구 조사를 바탕으로 절대 망할 것 같지 않던 기업들이 어떻게 몰락하게 되었는지에 대한 통찰을 제시해 리더들이 비극적인 운명을 피할 수 있도록 돕는 것이다. 또한 몰락한 기업의 최후를 비웃는 것이 아니라 그들로부터 무엇을 배워 우리의 상황에 적용시킬 것인가를 살펴본다. 여기에서 논의하는 '몰락의 5단계'를 이해한다면 리더는 기업이 '우상에서 쓸모없는 존재로 추락해 완전히 바닥까지 떨어지는 위험'을 상당히 줄일 수 있을 것이다.

  몰락은 피할 수 있다. 또한 몰락의 전조는 조기에 감지할 수 있다. 무엇보다 5단계까지 완전히 떨어지지 않은 이상 몰락은 되돌릴 수 있다. 강한 기업도 언제든 쓰러질 수 있지만 때로는 다시 일어서기도 한다.

콜로라도 볼더에서
짐 콜린스

차례

서문 위대한 기업도 언제든 쓰러질 수 있다 6

조용히 다가오는 파멸의 전조 11
몰락으로 향하는 정점 18 | 그 모든 변화와 혁신에도 불구하고… 22

몰락의 5단계 27
6,000년의 기업 역사는 말한다 30 | 강한 기업이 몰락하는 5단계 틀 36
어두운 여행, 출구는 있는가 42

1단계: 성공으로부터 자만심이 생겨나는 단계 45
자만의 폐혜 49 | 성공 원인에 대한 착각 58

2단계: 원칙 없이 더 많은 욕심을 내는 단계 67
현실 안주보다 무서운 과다한 욕심 70 | 성장에 대한 과도한 집착 74
팩커드 법칙의 위반 80 | 원만하지 못한 권력 승계의 문제 85

3단계: 위험과 위기 가능성을 부정하는 단계 91
증거를 확인한 뒤 큰 투자를 단행한 사례 96 | 수면 아래의 위험 감수 99
위험을 부정하는 문화 106

4단계: 구원을 찾아 헤매는 단계 113
— 진정한 묘안 122 | 공포와 절망 130

5단계: 유명무실해지거나 생명이 끝나는 단계 137
— 생존을 위한 투쟁을 포기한 사례 141 | 대안이 없는 지경까지 내몰린 사례 143
죽음을 받아들일 것인가, 희망을 놓지 않을 것인가 148

희망을 잃지 말아야 하는 이유 151
— 불타는 승강장에서 살아남은 기업들 157 | 포기란 없다 162

부록 167
— 부록 1: 몰락 기업 선정 169
부록 2: 성공 비교 기업 선정 176
부록 3: 패니메이와 2008년 금융위기 183
부록 4-A: 현실 안주 때문에 기업이 몰락한다는 가설을 뒤집는 증거들 190
부록 4-B: 구원을 찾아 헤맨 기업들의 사례 197
부록 5: 핵심 요직에 맞는 적임자를 판단하는 기준 203
부록 6-A: 몰락에서 회복한 사례 – IBM 206
부록 6-B: 몰락에서 회복한 사례 – 뉴코 213
부록 6-C: 몰락에서 회복한 사례 – 노드스트롬 220
부록 7: 위대한 기업의 특징 개념 요약 226

감사의 글 230
주 235

조용히 다가오는 파멸의 전조

HOW THE MIGHTY FALL

2004년 가을, 나는 리더투리더Leader to Leader 재단의 설립 이사장 프랜시스 헤셀바인Frances Hesselbein의 전화를 받았다.

"경제조사기관인 컨퍼런스보드Conference Board와 리더투리더가 주최하는 웨스트포인트West Point(미국 육군사관학교) 교육 행사에서 학생들의 토론을 이끌어 주셨으면 합니다."

"학생들이 누구입니까?"

나는 아마도 사관후보생들일 거라고 생각하며 물었다.

"육군 장성 열두 분, CEO 열두 분, 사회단체장 열두 분입니다. 군인, 기업가, 사회단체에서 각각 두 명씩 엮어 모두 여섯 명이 한 그룹이 되어 토론할 예정입니다."

"주제가 무엇이지요?"

"매우 훌륭한 주제를 정했습니다. 선생님도 분명 좋아하실 겁니다."

그녀는 잠시 뜸을 들인 뒤 말했다.

"미국입니다."

미국이라고? 그 쟁쟁한 사람들을 앉혀 놓고 어떻게 미국에 대한 토론을 이끈다는 말인가? 그때 내 멘토 중 한 사람인 빌 레이지어Bill Lazier의 말이 떠올랐다.

"정답을 가르치려 들지 말고 적절한 질문을 하는 데 초점을 맞춰라."

고심에 고심을 거듭한 나는 이런 질문을 하기로 했다. 미국은 위대함을 회복하고 있는가, 아니면 위대한 나라에서 그저 괜찮은 나라로 추락하려는 변곡점에 위태롭게 서 있는가?

질문을 다소 거창하게 포장하긴 했지만, 웨스트포인트에 모인 사람들은 열성적으로 토론에 임했다. 그들 중 절반은 미국이 예전처럼 강하다고 주장했고, 나머지 반은 미국이 쇠락으로 향하는 정점에서 흔들리고 있다고 반론했다.

역사는 강자도 무너질 수 있다는 것을 반복해서 보여준다. 고대 이집트 왕조, 크레타의 미노스 문명, 중국 주나라, 히타이트Hittite 제국(BC 2000년기에 소아시아 시리아 북부를 무대로 활약한 인도 유럽계의 민족)과 마야 문명 등은 모두 무너졌다.[1] 아테네도 로마도 스러졌다. 심지어 불과 100년 전만 해도 세계 강자로 군림하던 영국 역시 자신들의 지위가 무너져 내리는 걸 지켜봐야만

했다. 미국도 같은 운명일까? 아니면 미국은 '지구상의 마지막 최고의 희망'이 되길 원했던 링컨의 소망을 이룰 수 있을까?

휴식 시간이 되자 미국에서 상당히 성공적으로 자리매김한 어느 기업의 CEO가 나에게 다가왔다.

"토론이 무척 재미있습니다. 저는 아침 내내 토론 질문을 우리 회사에 대입해서 생각해보았습니다."

그는 말을 멈추고 잠시 생각에 잠겼다.

"우리 회사는 최근에 큰 성공을 거뒀지요. 그런데 바로 그게 걱정입니다. 제가 알고 싶은 것은 '그것을 어떻게 알아차릴 것인가' 하는 점입니다."

"그게 무슨 말씀입니까?"

"세계 최고의 자리에 있을 때, 지구상 최강국일 때, 업계 최고의 기업이 되었을 때, 자기 분야에서 최고가 되었을 때, 바로 그 힘과 성공 때문에 자신이 이미 쇠퇴의 길로 들어서고 있다는 사실을 깨닫지 못합니다. 어떻게 하면 그 사실, 즉 몰락의 징조를 알아차릴 수 있을까요?"

'그것을 어떻게 알아차릴 것인가'라는 질문은 내 상상력을 사로잡았고 이 글을 쓰는 데 영감을 주었다. 콜로라도 볼더의 우리 연구소에서는 이미 《좋은 기업을 넘어 위대한 기업으로》와 《성공하는 기업들의 8가지 습관》에서 살펴본 몇몇 위대한 기업이 탁월했던 지위를 잃고 추락한 사실에 자극을 받아 기업 쇠퇴를 검토하고 있었다. 그렇다고 그 사실을 그리 대단하게 고민하지는 않았다. 몰락했다고 해서 최고의 위치에 있을 당시 그 기업을 연구해 도출한 성공 원칙이 틀렸다고 볼 수는 없기 때문이다. 그러나 다른 한편으로 도대체 왜 위대한 기업이 몰락하는지 갈수록 궁금해졌다.

만약 역사상 가장 위대했던 기업이 우상에서 보잘것없는 존재로 추락할 수 있다면, 그 종말을 통해 무엇을 배울 것이며 다른 기업은 어떻게 그 운명을 피할 수 있을까?

나는 웨스트포인트에서 돌아오는 길에 궁금한 점들을 본격적으로 연구해야겠다고 생각했다. 몰락의 징조를 미리 발견하고 그 경로를 바꾸는 것이 가능하지 않을까? 나아가 예방책을 제시할 수 있지 않을까? 나는 이러한 기업 쇠퇴가 질병 중에서도 특히 암과 유사하다고 생각했다. 암이 몸 안에서 자라더라도 겉으로는 여전히 건강해 보일 수 있기 때문이다. 뒤에서 살펴보겠지만 조직의 몰락은 암과 달리 대부분 자초한 것이라는 점에서 완벽한 비유는 아니다. 그러나 암에 대한 비유는 상당 부분 도움이 될 것이다. 그 예로 내 개인적인 이야기를 소개하고자 한다.

2002년 8월의 어느 구름 한 점 없던 날, 아내 조앤과 나는 콜로라도 애스펀Aspen 외곽에 있는 일렉트릭Electric 고개의 긴 오르막길을 달리기 시작했다. 일렉트릭 고개는 해발 3,000미터에서 시작해 4,000미터가 넘는 곳에서 끝난다. 3,400미터쯤 올랐을 때 숨이 턱까지 차오른 나는 걷기 시작했지만, 조앤은 계속 오르막길을 뛰어갔다.

위대한 기업으로 지목되었던 기업이 몰락했다고 기존 이론이 틀린 것은 아니다

《좋은 기업을 넘어 위대한 기업으로》에서 주장했던 원칙은 그 책에 등장한 특정 기업들이 지닌 현재의 강점과 약점을 바탕으로 도출한 것이 아니라, 연구 당시의 상황에 비추어 도출한 것이다.

이는 다음과 같은 비유를 통해 생각해볼 수 있다. 만약 건강한 사람과 그렇지 못한 사람을 비교·연구하면서 충분한 수면, 균형 잡힌 식생활, 적당한 운동처럼 건강을 지켜주는 원칙들을 규명했다고 가정하자. 그런데 당시 건강했던 사람들이 충분한 수면을 취하지 않고, 음식을 아무렇게나 먹으며, 운동을 소홀히 하기 시작했다고 해서 기존의 건강 증진 원칙들이 훼손되는 것은 아니다. 양질의 수면과 식생활, 그리고 적당한 운동은 여전히 건강을 지키는 원칙이다.

또 다른 비유를 들어보자. 존 우든 감독의 지휘 아래 12년간 미국대학농구 우승컵을 열 번이나 거머쥐며 역대 최고의 농구 명문으로 거듭난 60~70년대의 UCLA 전성시대를 연구한다고 치자.[2] 이 경우에도 우든 시대 이후, UCLA가 그동안 실행했던 원칙에서 벗어나는 바람에 과거의 영광을 이어가지 못했다고 해서 우든의 지휘 아래 증명한 '좋은 성적을 내는 원칙'을 부인할 수는 없지 않은가?

마찬가지로 《좋은 기업을 넘어 위대한 기업으로》에 나오는 원칙은 특정 기간 동안 좋은 기업에서 위대한 기업으로 훌륭히 변모함과 동시에 15년 이상 꾸준히 우수한 성과를 내온 기업들을 조사해 도출한 것이다. 그 연구는 '향후 15년간 어떤 기업이 위대함을 유지할 것인가'를 예측하려 한 것은 아니다. 이 책에서 알 수 있듯 아무리 강한 기업도 스스로 파멸의 길을 걸을 수 있다.

공기가 희박한 탓에 볼품없이 자란 관목과 강인한 야생화만 피어 있는 수목한계선을 지나칠 무렵, 나는 선홍색 티셔츠를 입고 산등성이를 향해 이리저리 달리던 조앤의 뒷모습을 지켜보았다. 그러나 두 달 후, 조앤은 유방암으로 양쪽 유방을 절제해야 한다는 진단을 받았다. 돌이켜 보면 일렉트릭 고개를 뛰어올라가던, 즉 지극히 건강해 보이던 그 순간에 조앤은 이미 암 덩어리를 몸에 지니고 있었던 셈이다. 질병을 안고 있으면서도 멀쩡해 보였던 조앤의 이미지는 내 뇌리에 깊이 박혀 있었다.

> 나는 조직의 쇠락을 질병처럼 단계별로 구분했다. 초기 단계에는 질병을 진단하기 어렵지만 치료는 비교적 수월한 반면, 말기에는 진단은 쉬워도 치료는 어렵다. 그때가 되면 겉보기에는 멀쩡해도 안으로는 이미 병이 깊어져 언제 갑자기 쓰러질지 모른다.

본격적인 연구 결과를 논하기 전에 미국 기업 역사상 가장 유명한 회사 중 하나의 놀라운 흥망 사례를 살펴보기로 하자.

몰락으로 향하는 정점

1906년 4월 18일 오전 5시 12분, 아마데오 잔니니 Amadeo Giannini는 기묘한 떨림을 느꼈다. 멀리서 천둥이 치거나 기차가 지나갈 때 전해지는 듯한 약하면서도 확실한 진동이 감지됐다.[3] 이후 잠깐의 정적. 일 초, 이 초, 그리고…… 꽝!

캘리포니아 주 샌머테이오 San Mateo에 있는 그의 집이 앞뒤, 위아래로 요동치며 흔들렸다. 샌프란시스코 북쪽 27킬로미터 지점으로부터 지각이 흔들리면서 수백 채의 건물이 파괴되고 돌덩이들이 거리에 쏟아져 내렸다. 벽이 무너지는 것과 동시에 가스관이 폭발하면서 곳곳에서 화재가 일어나기도 했다.

잔니니는 화재를 피해 도시를 빠져나오는 사람들과는 반대로 기차를 타고 다시 걸으며 여섯 시간의 대장정 끝에 시내로 진입했다. 얼마 전에 자신의 손으로 창업한 뱅크오브이탈리아 Bank of Italy에 별일이 없는지 확인하기 위해서였다. 마침 그가 도착했을 때 불길은 은행을 향해 번져가고 있었다. 잔니니는 은행에 보관되어 있는 현금을 서둘러 끄집어냈다. 치안이 마비되면서 범죄자들이 폐허 사이를 누비며 약탈을 자행했고, 그 위험한 상황을 수습하고자 시장은 "약탈이나 기타 범죄행위를 하는 자는 누구든 사살할 수 있도록 경찰에게 권한을 부여했다"는 성명을 다급히 발표했다.

잔니니는 직원 두 사람의 도움을 받아 오렌지 상자에 담은 현금을 마차에 싣고 밤새 샌머테이오에 있는 집으로 달려가 벽난로 안에 숨겼다. 다음날 아침, 샌프란시스코의 사무실로 출근한 그에게 다른 은행들이 6개월간 대출 중단을 선언하려 한다는 소식이 전해졌다. 그러나 잔니니는 정반대로 대응했다. 번잡한 부두 한가운데에 술통 2개를 놓고 그 위에 널빤지 한 장을 올려놓은 그는 다음날부터 은행 영업을 재개했다. 그는 큰소리로 선언했다.

"우리가 샌프란시스코를 재건하겠습니다."[4]

잔니니는 시민들이 가장 절실히 필요로 하는 바로 그 순간, 그들에게 돈을 빌려주었다. 그 보답으로 시민들은 잔니니의 은행에 돈을 맡겼다. 대혼란에 빠져 있던 샌프란시스코는 차츰 질서를 회복했으며 다시 성장과 번영을 구가했다. 더불어 잔니니는 시민들에게 더 많은 대출을 해주었고, 시민들도 더욱 많은 돈을 잔니니에게 예금했다.

캘리포니아 전역에 걸쳐 고객과 대출이 폭발적으로 늘어난 그의 은행은 지점이 확대되면서 이름을 뱅크오브아메리카Bank of America로 바꾸었다. 나아가 1945년 10월에는 체이스내셔널뱅크를 인수해 세계 최대 상업은행으로 거듭났다.[5]

이후 30년 넘게 뱅크오브아메리카는 미국 최우수 은행이라는 명성을 누려왔다.[6] 〈하버드비즈니스리뷰〉 1980년 봄호에는 다음과 같은 기사가 실렸다.

"뱅크오브아메리카는 규모가 큰 것으로 유명하다. 100여 나라에 걸쳐 약 1,100개에 달하는 지점이 있고, 총자산이 약 1,000억 달러에 육박하는 뱅크오브아메리카는 실제로 세계에서 가장 큰 은행이다. 그런데 전문가들은 규모뿐 아니라 양질의 경영 방식도 명성을 얻는 주요 요인으로 꼽는다……."[7]

만약 1980년에 어떤 사람이 뱅크오브아메리카가 세계에서 가장 성공적인 기업이라는 위대한 자리에서 추락해 단 8년 만에 역사상 가장 큰 손실을 기록할 것이라고 예언했다면 어땠을까? 잠시나마 달러화의 가치까지 하락시킬 정도로 금융시장을 뒤흔들고 주식 누적수익률이 일반 주식시장 평균보다 80퍼센트나 떨어지며, 경쟁사인 캘리포니아은행의 인수 위협에 직면할 것이라고 했다면? 53년 만에 처음으로 배당을 삭감하고 자금을 마련하기 위해 본사 건물을 매각하는 것은 물론 잔니니 가족이 격노해 이사회 멤버를 사임하겠다고 말했다면? 나아가 CEO가 쫓겨나고 회사를 살리기 위해 퇴임한 전 CEO를 데려오며, 경제지 기사에서 "믿기 힘들 정도로 흔들리는 은행", "타이태닉호처럼 침몰하는 은행"이라는 치욕스러운 묘사를 당할 것이라고 예측한 사람이 있었다면? 그는 분명 지독한 비관주의자로 여겨졌을 것이다. 하지만 뱅크오브아메리카는 실제로 이 모든 일을 겪었다.[8]

1970년대 말까지 영원할 것처럼 견고하고 강했던 뱅크오브아메리카가 놀랄만큼 빠르고 참혹하게 추락했다면, 다른 어떤 기업도 몰락할 수 있지 않을까? 우수하고 탁월한 경영의 모범적 아이콘이었던 모토로라와 서킷시티 Circuit City 가 쇠락으로 이끄는 힘 앞에 무릎을 꿇은 사례는, 누구에게나 몰락의 가능성이 열려 있다는 것을 반증한다. 제니스와 A&P Great Atlantic & Pacific Tea Company 처럼 자기 분야에서 탄탄한 기반을 구축했던 기업들 역시 뛰어난 지위에서 보잘것없는 위치로 추락하는 것을 보면 어떤 기업도 성공에 안주해선 안 된다는 확신이 든다.

> 위대한 기업도 몰락할 수 있다. 아무리 많은 것을 이루었어도, 아무리 멀리 앞서가도, 아무리 많은 힘을 갖고 있더라도 쇠퇴할 가능성이 있다. 가장 강한 것이 끝까지 정상의 자리를 지키는 법은 없다. 누구든 몰락할 수 있으며 대개는 결국 그렇게 된다.

그 모든 변화와 혁신에도 불구하고…

당신은 이 책을 읽으며 이렇게 생각할 수도 있다.

'오, 세상에. 빨리 변화해야겠어! 뭔가 과감하고 획기적이고 선견지명 있는 조치를 취해야 해! 계속 전진해야 몰락하지 않을 거야!'

하지만 반드시 그런 것은 아니다. 1980년 12월, 뱅크오브아메리카는 새로운 CEO를 선출해 세상을 놀라게 했다. 〈포브스〉는 그 과정을 콘클라베conclave(가톨릭교회에서 교황을 선출하는 추기경단의 선거회)를 하는 추기경들처럼 밀실 안에서 스물여섯 명의 임원이 모여 "마치 새 교황을 선출하는 듯했다"고 묘사했다.[9] 어쩌면 당신은 뱅크오브아메리카의 신임 CEO가 비전을 갖고 조직을 운영하는 일에 서툴거나, 과감하게 움직일 줄 모르는 인물이라고 생각할 것이다. 또한 새로운 시장과 비즈니스 기회를 발

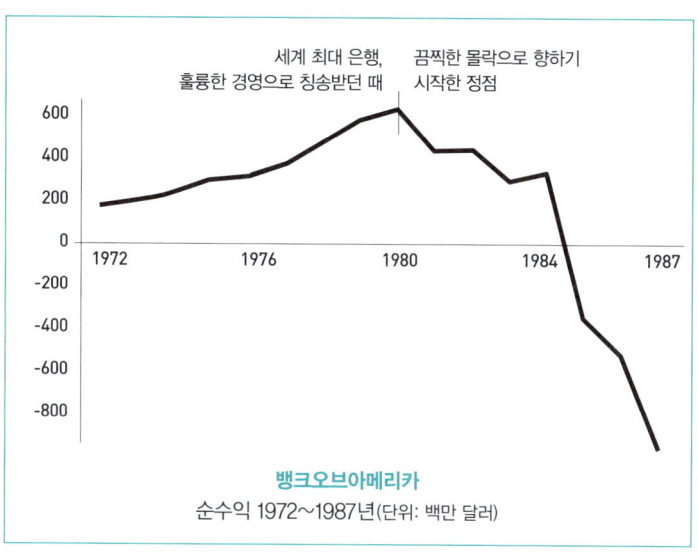

뱅크오브아메리카
순수익 1972~1987년(단위: 백만 달러)

굴하지 못하는 관료형의 소극적인 50대 신사, 시대의 변화에 발맞춰 바뀔 줄 모르는 완고한 은행가로 생각할 수도 있다.

하지만 뱅크오브아메리카의 이사회가 뽑은 인물은 훤칠하고 혈기왕성하며 언변이 뛰어난 마흔한 살의 미남, 새뮤얼 아마코스트Samuel Armacost였다. 그는 〈월스트리트저널〉과의 인터뷰에서 뱅크오브아메리카에는 '상황을 역전시킬 멋진 한 방'이 필요하다고 말했다. CEO에 취임한 지 7개월 뒤, 그는 글래스-스티걸법Glass-Steagall Act(1933년 디스플레이션과 상업은행 시스템 붕괴를 막기 위해 제정한 상업은행에 관한 법률. 1980년 이후 단계적으로 폐지됨)의 허점을 파고들어 금융중개업체 찰스슈왑Charles Schwab을 사들이는 등 뱅크오브아메리카를 확장했다. 하지만 이처럼 새로운 사업이 시작되면서 불손한 기업 간부들도 유입되었다. 아마코스트는 시애틀에 기반을 둔 시퍼스트Seafirst은행도 사들였는데, 이는 미국 역사상 다른 주의 은행을 인수한 사례 중 가장 거대한 규모였다.

뿐만 아니라 그는 현금자동입출금기ATM 분야에서 경쟁자들을 날려버리기 위한 1억 달러짜리 프로그램, 하지만 결국 실패한 프로그램을 가동하기 시작했다. 이것은 과거의 굼뜬 은행에서 벗어나 캘리포니아에서 가장 큰 ATM 네트워크를 자랑하는 은행으로 도약하려는 프로그램이었다. 그는 간부들에게 이렇게 충고했다.

"이제 우리는 더 이상 뒷자리에 앉아 다른 은행이 저지르는 실수를 보며 우리가 어떻게 해야 할지 결정하는 혜택을 누릴 수 없게 됐습니다. 차라리 남들이 우리를 보고 배우게 합시다."

아이러니하게도 뱅크오브아메리카는 결국 그렇게 됐다.[10] 아마코스트는 유행에 뒤떨어진 관습을 버리고 지점을 줄였으며 종신고용을 폐지했다. 대신 그는 더 많은 인센티브 보상을 도입했는데 한 임원은 새로운 문화를 이렇게 설명했다.[11]

"우리는 최고의 실적을 올리는 사람과 그렇지 못한 사람 사이에 분명한 선을 그으려 했습니다."

아마코스트는 슈왑의 리더들이 BMW, 포르셰, 심지어 재규어를 리스해 타고 다니는 행태는 내버려두면서도 전통적인 은행가들은 계속해서 포드 뷰익, 시보레를 타도록 규제했다.[12] 또한 그는 화려한 경력의 '변화' 컨설턴트를 고용해 사람들에게 완전한 변화 프로세스를 주입했다. 〈비즈니스위크〉는 은행이 다시 태어났다는 표현을 써가며 이를 "개종"에 비유했고 〈월스트리트저널〉은 "뱅크오브아메리카판 마오쩌둥 문화혁명"이라고 묘사했다.[13] 아마코스트는 이에 대해 "다른 어떤 금융기관도 해보지 못한 변화"라고 선언했다.[14]

그러나 이 모든 리더십, 변화, 과감한 행동에도 불구하고 뱅크오브아메리카는 6억 달러 이상의 순수익 정점에서 추락하기 시작해 1985~1987년에 은행 역사상 가장 큰 손실을 기록했다. 물론 뱅크오브아메리카가 추락한 원인을 전적으로 아마코스트에게 돌릴 수는 없다. 사실 뱅크오브아메리카는 그가 CEO가 되기 이전부터 이미 하락 곡선을 그리고 있었다(이에 관해서는 게리 헥터Gary Hector의 권위 있는 명저 《은행의 파멸: 뱅크아메리카의 몰락 Breaking the Bank: The Decline of BankAmerica》 참조).

내 목적은 아마코스트를 비방하는 것이 아니라 뱅크오브아메리카가 그의 혁명적인 열정에도 불구하고 극적인 몰락의 길을 걸었음을 보여주는 데 있다. 몰락에 대처하는 방법은 '변하지 않으면 죽는다'는 단순한 구호에서 찾을 수 있는 것이 아니다. 뱅크오브아메리카는 그야말로 자멸할 정도로 엄청나게 변했다. 우리는 몰락의 시작에 대해 좀 더 자세히 이해할 필요가 있다. 이러한 목적 아래 우리는 과거의 연구 프로젝트에서 미처 밝혀내지 못했던 몰락의 5단계를 발견했다.

몰락의 5단계

HOW THE MIGHTY FALL

어떤 의미에서 나와 동료들은 몇 년간 실패와 평범함을 연구해왔다고 할 수 있다. 우리는 위대한 기업과 그렇지 못한 기업들을 살펴보면서 "대체 어떤 차이가 있지?"를 자문하며 주로 대조하는 방법론을 사용했기 때문이다.

이전에는 위대한 기업을 만드는 요소, 즉 밝고 명랑한 주제에 초점을 맞추어 연구했다. 하지만 웨스트포인트에서의 경험 이후, 한때 위대했던 기업들이 몰락하거나 실패하는 원인을 궁금해 하는 주변 사람들의 질문에 관심을 집중했다. 나는 동료에게 농담처럼 한마디 툭 던졌다.

"이제 우리는 어두운 쪽으로 전향하게 되었군."

6,000년의 기업 역사는 말한다

우리는 과거에 연구 프로젝트를 진행할 때 수집해둔 상당량의 데이터를 갖고 있다. 역사적인 문서가 담긴 상자와 파일, 70년 전의 재무 정보까지 담고 있는 스프레드시트, 상당한 분량의 연대순 자료와 재무 분석 자료 등 우리가 조사한 기업들의 역사는 모두 합해 6,000년이 넘는다.

우리는 이러한 데이터를 철저히 검토하면 위대한 기업으로 발전했다가 이후 몰락한 기업과 관련해 생생한 사례를 수집할 수 있을 것이라고 믿었다. 일단 우리는《좋은 기업을 넘어 위대한 기업으로》,《성공하는 기업들의 8가지 습관》에 소개된 60개 주요 기업을 분석하여, 크게 흥했다가 쇠퇴한 11개 기업을 체계적으로 선별했다. A&P, 어드레서그래프Addressograph, 에임스할인점Ames Department Store, 뱅크오브아메리카(내이션스뱅크에 합병되기 전), 서킷시티, 휴렛팩커드Hewlett-packard, 머크Merck, 모토로라, 러버메이드Rubbermaid, 스콧페이퍼Scott Paper 그리고 제니스Zenith다(〈부록 1〉에 이들 기업의 선별 프로세스를 기록해두었다).

우리는 조사한 자료들을 업데이트한 뒤 재무 상황, 비전과 전략, 조직, 문화, 리더십, 기술, 시장, 환경, 경쟁 구도 등 다방면에 걸쳐 몰락한 기업들의 역사를 검토했다. 특히 다음의 두 가지 의문에 초점을 맞추는 데 주력했다. 하락이 본격화하기까지 어떤 조짐이 나타났고, 결국 하락의 길을 걷기 시작했을 때 그들은 어떻게 행동했는가?

이러한 분석을 통해 추출한 5단계의 분석틀을 살펴보기에 앞서 몇 가지 중요한 조사 내용을 소개하고자 한다.

회복 중인 기업 | 우리가 분석한 기업 가운데 일부는 당신이 이 책을 읽을 때쯤이면 기반을 다시 회복할지도 모른다. 예를 들어 머크와 HP는 우리가 책을 쓰는 동안 가파른 하락세를 제어하는 듯했다. 이들 회사는 회복 기미를 보이며 개선된 성과를 보이고 있다. 이 사례를 보면서 우리는 위대한 기업들이 몰락할 수 있듯, 이들 중 어떤 기업은 다시 일어선다는 사실을 이 책의 중요한 세부 주제로 정했다. 연구의 핵심은 어떤 기업이 앞으로 위대해지거나 위대함을 유지할 것 혹은 위대했다가 몰락할 것이라고 예측하는 데 있지 않다. 우리는 위대함을 이루거나 이를 상실하는 것과 관계된 저변의 원동력을 이해하기 위해 '과거' 일정 기간의 성과를 연구했다.

2008년 패니메이와 여러 금융기관의 몰락 | 2005년에 몰락한 연구 대상 기업을 선정할 때, 패니메이를 비롯한 다른 금융기관에 관한 자료는 충분하지 못했다. 나중에 이들 기업의 사례를 끼워 넣는 것은 연구의 엄밀성을 떨어뜨리지만, 그렇다고 역사상 보기 드문 극적인 금융 붕괴 사태에 무릎 꿇은 유명한 금융회사들(특히 '좋은 기업을 넘어 위대한 기업'이 되었던 패니메이)의 사례를 무시하는 것도 상식에 어긋난다. 결국 마지막 순간에 이들 기업을 연구 대상에 포함시키는 대신 〈부록 3〉에서 패니메이에 대해

간단히 언급했다.

성공 대조군을 통한 연구 | 우리의 모든 조사 연구에는 통제된 성공 대조군이 있다. 가장 중요한 질문은 '성공에는 어떤 공통점이 있을까?' 혹은 '실패에는 어떤 공통점이 있을까?'가 아니라 '성공과 실패 사이의 비교 연구를 통해 어떤 교훈을 얻을 수 있을까?'다. 이러한 분석을 위해 주요 연구 대상 기업들이 하락한 기간에 동일한 산업 내에서 상승한 '성공 대조군'을 정했다(비교 대상 기업 선정 방법론은 〈부록 2〉 참조).

오른쪽에 실린 '대조군 연구'를 보면 이를 도표로 확인할 수 있다. 1970년대 초에는 도표상의 두 기업, 즉 에임스할인점과 월마트(이들은 몇 쪽에 걸쳐 비교 설명할 예정이다)가 거의 쌍둥이 같은 모습을 하고 있었다. 이들은 사업 모델이 같았고 매출과 수익도 비슷했다. 둘 다 급격히 성장했으며 강력한 리더가 기업을 이끌었다. 나아가 주식시장에서 10년 이상 월등한 투자수익을 올렸다. 그런데 어느 순간 곡선이 완전히 갈라지면서 한 기업은 계속 상승한 반면 다른 기업은 곤두박질쳤다. 왜 하나는 추락하고 다른 하나는 그렇지 않았을까? 이 대조적인 도표가 우리의 비교 방법을 잘 보여준다.

원인 규명보다 연관성 연구 | 우리가 조사를 통해 발견한 변수는 연구를 진행하는 수행 방식과 연관이 있지만, 완전한 인과관계에 놓여있다고 주장할 수는 없다. 만약 우리가 기업을 대상으로 이중맹검(진짜 약과 가짜 약을 피검자에게 무작위로 주고 효과를

대조군 연구
왜 어떤 기업은 몰락하고 또 다른 기업은 몰락하지 않을까?

이 책에 나오는 주식 시장에서의 누적수익 자료는 모두 ⓒ200601 CRSP®, 즉 시카고 대학 경영대학원 시큐리티프라이스 연구센터에서 가져왔다. www.crsp.chicagobooth.edu

판정하는 비교 시험법의 일종), 무작위, 플라시보placebo(약효가 없는 가짜 약을 진짜 약으로 가장해 환자에게 복용하도록 했을 때 병세가 호전되는 효과) 통제 실험을 할 수 있다면, 성과를 예측하는 모델을 만들 수 있을 것이다. 하지만 실제 경영 세계에서 그런 실험은 불가능하므로 100퍼센트 확신을 갖고 원인과 효과를 주장할 수는 없다. 이는 우리의 대조 방법이 오로지 성공 혹은 실패만 연구하는 것보다 더 큰 신뢰를 줄 수 있음을 의미한다.

역사적 분석의 장점 | 우리는 각 기업의 창업 당시부터 조사 시점까지 포괄적으로 살펴보며, 성과를 창출하는 특정 기간에 초점을 맞춰 연구하는 역사적인 방법을 취했다. 이에 따라 연간 재무보고서, 해당 기업에 대한 주요 기사, 서적, 학문적인 사례 연구 자료, 분석보고서, 해당 산업의 참고 자료 등 다방면의 역사적 자료를 수집했다. 이렇듯 다양한 자료를 살펴보는 이유는 오로지 과거를 되돌아본 흔적이나 회고적인 인터뷰에 의지해 그림을 그리면 잘못된 결론을 내릴 확률이 커지기 때문이다.

실증을 위해 이미 잘 알려진 성공 스토리를 활용할 때는 주의해야 한다. 사우스웨스트항공이 성공한 후에 쓰인 회고적인 흔적에만 기대면, 그 자료들은 사우스웨스트항공의 '성공'에 대해 글쓴이가 알고 있는 지식으로 채색되어 편향될 수 있기 때문이다.

일례로 회고적 흔적을 토대로 해석하는 일부 사람들은 사우스웨스트항공의 성공 원인에 대해 독보적이고 혁신적인 항공사 모델(이들은 승리하는 기업을 모두 혁신가라고 믿는다)을 구축했기 때문이라고 말한다. 하지만 역사적 자료들을 주의 깊게 살펴보면, 사우스웨스트항공이 1960년대 말에 구축한 퍼시픽사우스웨스트항공사의 경영모델을 대부분 모방했다는 사실을 파악할 수 있다. 만약 회고적 해석에만 의존하면, 사우스웨스트항공이 어떻게 위대한 기업이 되었는지 제대로 감을 잡지 못할 수 있다.

따라서 우리는 주로 결과가 밝혀지기 전, 어떤 사건이 실제로 발생한 시점으로부터 얻은 증거를 통해 분석의 틀을 추론한다.

그런 다음 시간의 흐름에 따라 순서대로 발생한 증거들을 살펴본다. 각각의 시간대에 발행된 자료는 그 기업이 성공하거나 실패했다는 사실을 모르고 쓴 것이기 때문에 결과를 아는 데서 오는 편견을 피할 수 있다. 예를 들어 제니스가 해당 분야에서 정상에 있을 무렵이던 1960년대 초에 나온 자료는 향후 제니스가 몰락한다는 사실에 영향을 받지 않은 상태에서 당시의 전망을 제공한다. 우리의 조사 방법에서는 인터뷰 활용을 최소화했으며, 자기합리화의 욕구가 강하게 작용할 법한 현재 혹은 최근 경영진의 인터뷰는 사용하지 않았다.

물론 역사적 정보도 완벽하지는 않다. 기업이 연례보고서를 작성할 때 유쾌하지 못한 정보를 선택적으로 제외시킬 수 있고, 저널리스트는 선입견에 따라 글을 쓸 수도 있다. 나 역시 내가 연구하는 기업들의 성공 혹은 실패를 알고 있으며, 이를 내 머릿속에서 깨끗이 지울 수 없기 때문에 선입견에서 완전히 자유로울 수는 없다. 이런 한계에도 불구하고 역사적으로 비교하는 방법은 위대한 기업들의 성장과 몰락에 관계된 요소들을 더욱 명확히 하는 데 도움이 된다.

> 기업이 몰락하기 전에 만들어진 역사적 증거를 살펴보는 일은 매우 중요하다. 1980년의 뱅크오브아메리카의 경우만 봐도 기업이 이미 하락의 길을 걷고 있으면서도 겉으로는 멀쩡하게 보일 수 있다는 점

을 환기시킨다. 그렇기 때문에 몰락의 과정은 그토록 무서운 것이기도 하다. 뱀처럼 소리 없이 다가와서는, 마치 어느 날 갑자기 모든 일이 벌어진 듯 큰 난관에 빠뜨리기 때문이다.

이는 몇 가지 매혹적인 질문을 던지게 만든다. 몰락의 단계가 확실히 존재할까? 만약 존재한다면 몰락을 일찌감치 알아챌 수 있을까? 감출 수 없는 징조가 있을까? 만약 하락세를 되돌리는 게 가능하다면 어떻게 해야 할까? 되돌릴 수 있는 시점도 존재할까?

강한 기업이 몰락하는 5단계 틀

어느 날 나는 집에서 수많은 조사 자료에 둘러싸인 채 노트북 컴퓨터를 두드리며 시간적 순서에 따른 몰락의 징후들을 정리하다가 조앤에게 말했다.

"기업들이 위대해지는 방법을 연구하는 것보다 이것이 훨씬 더 머리 아픈 작업이야!"

몰락 과정을 포착하기 위해 아무리 개념적 틀을 조립하고 다시 조립해도, 그 패턴에 반대되는 색다른 순열의 증거가 발견되곤 했다. 조앤은 톨스토이의 소설 《안나 카레니나 Anna Karenina》의 첫 줄을 보라고 제안했다. 곰곰이 생각할수록 조앤의 조언은 탁월했다.

"행복한 가정은 다 똑같다. 반면 그렇지 못한 가정은 모두 제각각의 원인으로 불행하다."

이 책을 끝마치면서 나는 《안나 카레니나》의 인용문을 다시 떠올렸다. 기업들이 위대해지는 과정과 몰락하는 과정을 연구하고 난 뒤, 기업이 위대해지는 것보다 몰락하는 길이 더 다양하다는 결론을 내렸기 때문이다. 각종 데이터를 기반으로 몰락의 틀을 조립하는 것은 기업 성장에 대한 틀을 만드는 것보다 훨씬 힘들었다.

그래도 데이터를 분석해 강한 기업이 몰락하는 단계별 틀을 추출해낼 수 있었다. 이것은 기업의 몰락에 관한 절대적인 틀(뇌물, 천재지변, 스캔들처럼 이 틀을 따르지 않는 경우도 있다)은 아니지만 가벼운 하나의 예외(A&P는 다른 형태의 2단계를 거쳤다)를 제외하고 거의 모든 경우에 정확히 들어맞았다. 영국의 통계학자 조지 박스George Box가 "모든 면에 들어맞는 모델은 존재하지 않는다. 하지만 어떤 면에 유용하게 적용될 수 있는 모델은 있다"라고 말했던 것처럼 이 틀은 적어도 위대한 기업들도 몰락할 수 있다는 것을 이해하는 데 도움을 준다.[15] 아울러 몰락을 예방하고 감지하거나 이를 되돌리려는 기업 리더들에게 유용하다.

이 모델은 순차적으로 5단계를 밟아 진행된다. 여기서는 그 5단계를 간략히 요약하고 다음 장부터 각각의 단계를 더욱 상세히 알아보겠다.

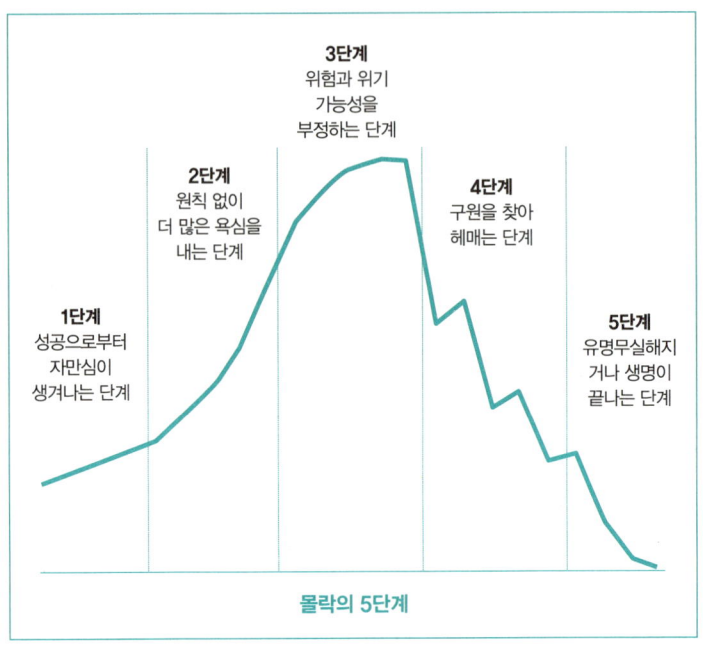

1단계 | 성공으로부터 자만심이 생겨나는 단계

위대한 기업들이 그동안 이룬 성공에 도취해 스스로를 격리시킨다. 비록 리더들이 올바른 의사결정을 하지 못하고 규율이 무너지더라도 그때까지 축적한 탄력 덕분에 한동안은 앞으로 계속 나아갈 수 있다. 몰락의 1단계는 성공을 당연한 것으로 간주해 거만해지고 진정한 성공의 근본 요인을 잊을 때 시작된다("우리가 이런 특정한 일을 했기 때문에 성공했다"). 성공에 대한 수사가 날카로운 이해와 시각("우리가 성공할 수 있었던 이유는 이런 특정한 일을 왜 해야 하는지와 어떤 환경에서 더 이상 작동하지 않는지 이해했기 때문이다")을 점령할 때 몰락은 찾아오기 시작한다. 성공의 요인을 살펴보면 운과 기회가 중요한 역할을 한 경우가 많은데, 그 사실을 제대로 깨닫지 못하고 자기 능력과 장점을 과대평가하는 사람은 자만하게 된다.

2단계 | 원칙 없이 더 많은 욕심을 내는 단계

1단계에서 생겨난 자만심은 원칙 없이 너 많은 욕심을 내는 2단계로 이어진다. 더 큰 규모, 더 높은 성장, 더 많은 찬사 그리고 '성공'으로 비춰질 수 있는 것이라면 무엇이든 그 대상이 된다. 2단계에 있는 기업들은 이전에 자신을 위대한 기업으로 이끌어준 창의적 역량으로부터 벗어나, 자기통제와 규율 없이 더욱 위대해지기 힘들거나 빠르게 성장하기 어려운 영역으로 진입한다. 기업이 핵심 자리를 적절한 인재로 채울 수 있는 능력을 잃은 채 성장을 추구할 때 몰락이 시작된다. 물론 성공한 기업이 안주하고 변화를 거부하는 것도 위험하지만, 지나친 욕심으로 도를 넘는 것은 더 큰 화를 자초한다.

3단계 | 위험과 위기 가능성을 부정하는 단계

기업이 3단계에 들어서면 내부에 경고 신호가 증가하지만, 외부 성과가 여전히 견고하기 때문에 걱정되는 징후에 대한 우려를 날려버린다. 어려움이 일시적이라거나 사이클에 따른 것, 아니면 그다지 나쁜 정도는 아니라고 치부한다. 3단계에서는 리더들이 부정적인 데이터는 축소하고 긍정적인 데이터는 부풀리며 모호한 데이터는 긍정적으로 채색한다. 경영진은 부정적인 데이터를 자신들의 책임으로 받아들이는 대신 외부 요인에 의한 차질 때문으로 돌린다. 높은 성과를 내는 조직의 특징인 '사실에 근거한 활발한 대화'는 줄어들거나 아예 사라진다. 권력을 쥔 사람들이 과다한 위험으로 인한 결과를 부정하며, 회사를 위험에 빠뜨리기 시작하면 4단계로 이어진다.

4단계 ㅣ 구원을 찾아 헤매는 단계

위험과 위기가 누적되는 3단계를 거치면서 누구에게나 기업의 가파른 하락세가 뚜렷이 보인다. 이때 "리더가 어떻게 대응할 것인가, 신속히 구제 조치를 취하거나 예전에 기업이 위대한 지위를 얻었던 분야로 되돌아갈 것인가" 하는 중요한 문제가 대두된다. 구원을 찾아 헤매는 기업들은 4단계로 접어든다. 흔히 등장하는 '구원투수'들은 비전과 카리스마가 있고 과감하지만 입증되지 않은 전략, 급격한 전환, 드라마틱한 문화적 변혁, 공전의 히트를 칠 제품, 판을 뒤집을 합병, 사태를 한 방에 해결할 묘안을 추구한다. 이러한 극약 처방은 초기에는 긍정적인 결과를 내는 듯 보이지만 지속되지 못한다.

5단계 ㅣ 유명무실해지거나 생명이 끝나는 단계

4단계에 오래 머무를수록 묘안에 더욱 매달리게 되고 이는 대부분 추락을 가속화한다. 5단계에서는 거듭된 차질과 실책으로 재무적 강점이 침식되기 시작해 리더들은 위대한 미래를 건설하려는 모든 희망을 버리기에 이른다. 어떤 경우에는 경영진이 퇴출되고 또 어떤 경우에는 조직이 심하게 위축된다. 극단적인 경우에는 완전히 생명이 끝난다.

우리의 연구에 따르면 기업들은 대부분 이 5단계를 차례로 서 치지만 경우에 따라서는 단계를 건너뛰기도 한다. 어떤 기업은 각 단계를 빠르게 거치고, 어떤 기업은 수년 혹은 수십 년에 걸쳐 거치기도 한다. 제니스는 5단계를 모두 거치는 데 30년이 걸렸지만 러버메이드는 5년 만에 2단계에서 5단계까지 갔다(우리가 이 책을 마무리할 무렵에 발생한 베어스턴스와 리먼브러더스 같은 금융회사의 붕괴를 보면 어떤 기업은 무서운 속도로 몰락한다는 것을 알 수 있다).

기업에 따라 오래 머무는 단계도 있고 빠르게 지나치는 단계도 있다. 에임스는 3단계에서 2년도 안 되는 기간을 머물렀으나 4단계에서는 10년 이상 머물다 5단계로 추락했다. 각 단계가 겹치는 경우도 있는데 이때 앞 단계의 특징이 이후의 단계에 뚜렷하게 남아 있을 수도 있다. 가령 자만심에 젖어 원칙 없이 더 많은 것을 추구하는 동시에 위험이나 위기 가능성을 부인할("우리가 잘못될 리 없어. 우리는 위대해!") 수 있다. 다음 그림은 각 단계가 겹칠 수 있음을 보여준다.

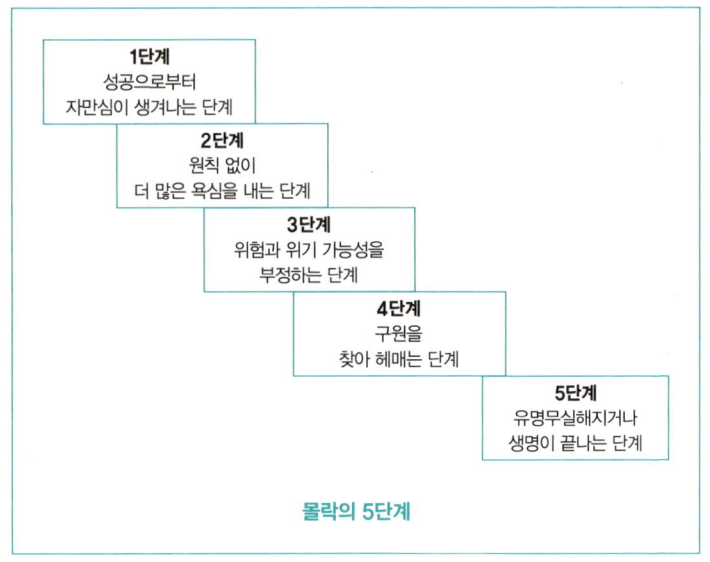

몰락의 5단계

어두운 여행, 출구는 있는가

내가 비평가들에게 이 원고의 초안을 보냈을 때 많은 사람이 우리가 좀 어둡고 부정적인 쪽으로 태도가 바뀐 것 같다고 말했다. 한때 위대했던 기업들이 스스로를 죽음으로 몰고 가는 이야기와 더불어 몰락의 5단계를 소개하는 내용을 읽으면 그런 생각이 들지도 모른다. 사실 이것은 마치 열차 사고를 조사하는 것처럼 관심이 가면서도 소름끼치는 일일 뿐, 결코 고무적인 일은 아니다. 따라서 이 어두운 여행을 떠나기에 앞서 두 가지 전후 사정을 먼저 밝히고자 한다.

첫째, 단지 성공만 연구하는 것은 결코 이롭지 않다. 오로지 성공적인 기업만 연구하는 것보다 위대한 기업들이 왜 평범하게 혹은 더 나쁘게 몰락하는지 조사하고, 이것을 성공을 지속해나가는 기업과 비교해볼 때 더 많은 교훈을 얻을 수 있다. 나아가 기업이 지속적으로 좋은 성과를 올리려면 위대한 기업들이 어떻게 쓰러질 수 있는지 반드시 이해해야 한다. 무지로 인해 그들과 똑같은 실수를 반복하지 말고 그들의 몰락에서 배우는 편이 훨씬 낫다.

둘째, 이는 궁극적으로 희망을 창조해내기 위한 작업이다. 몰락으로 가는 수순을 미리 알고 있으면, 내리막길을 향하고 있을 때 미리 브레이크를 밟고 방향을 되돌릴 수 있다. 실제로 우리는 몰락의 4단계까지 깊숙이 침몰했다가 회복에 성공한(어떤 경우에는 예전보다 더 강해진) 기업들도 발견했다. 뉴코Nucor, 노드스트롬Nordstrom, 디즈니, IBM은 어려운 지경까지 쇠락했지만 다시 살아났다.

> 위대한 기업들도 휘청거리고 어려운 지경에 빠질 수 있으며 다시 회복할 수도 있다. 5단계까지 떨어지고 나면 살아나올 수 없지만 4단계에서는 어렵긴 해도 극복할 수 있다. 물론 거의 모든 기업이 언젠가 수명을 다한다는 사실을 부정할 수는 없다. 그러나 우리는 조사를 통해 몰락은 대부분 스스로 자초한 것으로 회복 역시 스스로 이뤄낼 수 있다는 사실을 밝혀냈다.

어떤 기업이든 오르막과 내리막이 있으며 많은 기업이 1, 2단계 혹은 3, 4단계의 징후를 보이는 시기를 겪는다. 물론 1단계에 접어들었다고 해서 반드시 5단계까지 이어지는 것은 아니다. 적어도 100년이 안 되는 기업이라면, "어차피 모든 기업이 사망과 해체의 운명을 겪는다"고 말할 수 없다. 그렇지 않다면 프록터앤드갬블P&G, 3M, 존슨앤드존슨처럼 100~150년의 역사를 자랑하는 기업들을 어떻게 설명할 수 있겠는가? 실수로 몰락 단계에 들어섰다고 해서 반드시 멸망할 운명에 처하는 것은 아니다. 5단계까지 추락하지 않는 이상 지속가능한 위대한 기업을 다시 건설할 수 있다.

이 책을 읽다가 당신의 기업도 몰락 단계에 접어들었음을 깨닫고 놀랄지도 모른다. 그렇다면 어떻게 손을 써야 할까? 해법은 결국 효과적인 경영 방식을 충실하게 실천하는 것이다. 이 책의 말미에서는 회생 문제로 돌아갈 것이다. 하지만 지금은 강한 기업들이 왜 몰락하는지, 어떻게 하면 그들 같은 운명을 피할 수 있는지 더욱 잘 이해하기 위해 어두운 면을 조명할 필요가 있다.

1단계 성공으로부터 자만심이 생겨나는 단계

HOW THE MIGHTY FALL

몰락의 1단계

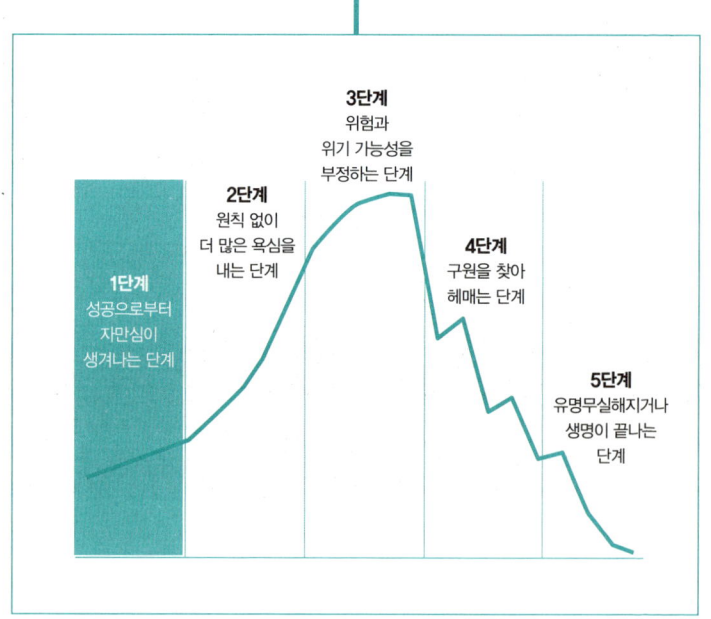

1983년 12월, 마지막으로 생산된 미국산 모토로라 자동차 라디오가 제조라인을 떠나 로버트 갤빈Robert Galvin의 손에 기념으로 남겨졌다. 하지만 그것은 단순한 기념품이 아니었다. 창의적인 자기혁신 프로세스를 통해 새로운 기술을 지속적으로 개발하지 않으면 도태된다는, 무서운 경고의 상징이었던 것이다. 모토로라의 역사는 외부로부터 선택을 강요받기 전에 스스로 자기 미래를 창조해나가는 것이 얼마나 중요한 일인지 실감나게 가르쳐 준다.[16]

1929년, 신생기업 갤빈 제조사의 첫 번째 사업 품목인 '배터리를 없앤 라디오'가 구식이 되면서 폴 갤빈(모토로라 창업자이자 로버트 갤빈의 아버지)은 심각한 재무위기를 겪었다. 이를 타개하기 위해 그는 자동차 라디오를 만들어 수익을 올렸으며, 회사 이름을 모토로라로 바꾸었다. 동시에 벼랑 끝에 내몰렸던 경험을 계기로 모토로라의 문화를 근본적으로 개선했다. 과거의 성공은 미래의 성공을 보장하지 않으며 자기주도형 혁신과 개선이 절박하게 필요하다고 인식한 것이다.

1989년에 나는 제리 포라스Jerry Porras와 함께 165명의 CEO를 대상으로 조사를 진행했다. 당시 우리는 모토로라를 비전 있는 세계적인 기업 중 하나로 꼽으면서 《성공하는 기업들의 8가지 습관》의 모범 사례 기업에 포함시켰다. 그 무렵 모토로라는 함께 선정된 18개 기업 중 핵심 가치 추구, 실험 정신, 경영의 연속성, 자기혁신 장치 구비 면에서 최고 점수를 받았다. 나는 모토로라가 최초로 식스시그마를 도입해 제품의 품질을 개선한 점과 '기술 로드맵'을 작성해 10년 후의 시장 기회에 대비하는 것에 주목했다.

그러나 1990년대 중반, 단 10년 만에 연매출이 50억 달러에서 270억 달러로 늘어나는 등 커다란 성공을 이어가면서, 겸손했던 모토로라는 자만하기 시작했다. 1995년 모토로라 경영진은 조개껍질을 본떠 만든 세련된 디자인의 초소형 스타텍StarTAC 휴대전화 단말기의 출시를 앞두고 한껏 기고만장해 있었다. 문제는 단 한 가지였다. 무선통신 시장은 이미 디지털 기술로 이동하고 있는데 스타텍은 여전히 아날로그 기술에 기반을 두고 있었다.

이때 모토로라는 어떻게 대응했을까? 모토로라를 밀착 취재한 〈비즈니스위크〉의 로저 크로켓Roger Crockett에 따르면 모토로라의 고위 경영자 중 한 명이 디지털의 위협을 무시하며 이렇게 말했다고 한다.

"4,300만 명의 아날로그 고객이 있는데 대체 뭐가 문제란 말인가."[17]

그들은 벨애틀랜틱Bell Atlantic 같은 이동통신 회사에 강압적인 태도를 보였다. 만약 근사한 스타텍 단말기를 원한다면 통신사에서 취급하는 단말기 중 모토로라 제품이 압도적인 비율(전 품목 중 75퍼센트)을 차지해야 하며, 단독 전시 공간을 만들어 판촉해야 한다는 자신들의 정책에 무조건 따르라고 요구했던 것이다. 강압적인 태도에 진절머리가 난 벨애틀랜틱은 어떤 제조업체도 자기 제품을 얼마나 유통시켜야 한다고 명령할 수 없다며 반발했다.

"당신들의 정책에 동의하지 않는다면 맨해튼에서 스타텍을 팔 수 없다는 말입니까?"

벨애틀랜틱 경영진은 모토로라 경영진에게 거듭 따졌다. 이러한 모토로라의 자만은 경쟁자들에게 기회를 제공했고, 세계 1위 휴대전화 제조업체로서 시장점유율 50퍼센트에 육박하던 모토로라는 1999년에 시장점유율이 17퍼센트로 추락했다.[18] 이로써 모토로라는 성공으로 인해 자만심이 생겨나는 몰락의 1단계로 접어들었다.

자만의 폐해

고대 그리스 시절 '자만'은 영웅의 지나친 자부심 혹은 무고한 사람들에게 고통을 주는 난폭하고 잔인한 태도(그리스 라틴학 교수, 루퍼스 피어스Rufus Fears의 표현)라는 개념으로 통했다.[19] 2001년에 모토로라에는 14만 7,000명의 직원이 있었지만 2003년 말에는 8만 8,000명으로 현저하게 줄었다. 약 6만 개의 일자리가 사라진 것이다.[20] 모토로라가 이런 몰락의 단계를 거치던 1995~2005년에 주주들도 주식 수익이 반 토막 나는 손해를 입었다.[21]

> 앞으로 몰락의 단계들을 살펴보면서 여러 가지 형태의 자만을 목격할 것이다. 우선 최고가 될 수 없는 분야에 역량을 갖추지 못한 채 뛰어드는 자만이 있다. 자신이 탁월하게 일할 수 있는 수준 이상으로 성장을 추구하는 자만도 있다. 모순적인 혹은 부정적인 증거를 뻔히 알면서도 과감하게 위험한 결정을 내리는 모습에서도 자만을 발견할 수 있다. 외부 위협이나 내부 침식으로 위기에 몰릴 수 있는 가능성을 부정하는 모습에서도 자만이 드러난다. 그리고 가장 은밀히 퍼지는 자만의 형태가 있는데, 바로 오만하게 기존 사업을 방치하는 것이다.

1995년 10월, 〈포브스〉는 서킷시티 CEO를 칭찬하는 기사를 실었다. 당시 서킷시티는 그의 리더십 아래 매년 20퍼센트 이상 성장해 10여 년 만에 기업 규모가 수십 배로 성장했다. 그렇다면 어떻게 성장을 계속 이어갈 것인가? 〈포브스〉의 기사를 보면 이 원기 왕성한 CEO는 결국 모든 시장이 성숙기에 이른 때에 "회사가 경쟁이 격화된 상황에 압도되도록 그대로 앉아 있을 수만은 없다"고 말했다.[22]

곧바로 서킷시티는 큰 사업 건수를 찾아다녔고, 중고차를 전문으로 하는 대형 상점 카맥스CarMax를 테스트 런칭했다. 이어 디빅DivX이라는 모험에 푹 빠졌다. 이것은 전용 재생기와 특수한 암호 체계를 이용해 고객이 원하는 기간만큼 DVD를 임대하는 새로운 개념의 서비스였다. 고객의 입장에서는 DVD를 보지도

못하고 비디오 가게에 반납해야 하는 일이 없어지는 이점이 있었다.[23]

1998년 말 〈월스트리트 트랜스크립트Wall Street Transcript〉에는 서킷시티 CEO와의 인터뷰 기사가 실렸다. 인터뷰에서 기자는 투자자들이 서킷시티에 대해 우려하는 점을 물었고, 서킷시티 CEO는 대답했다.

"아무 문제 없습니다. 투자자들은 우리의 사업 운영 능력을 믿으셔도 됩니다."

그러나 설명이 더 필요하다고 생각했는지 그는 다음과 같이 덧붙였다.

"일부 투자자가 카맥스와 디빅 사업 때문에 서킷시티의 사업 역량이 흐트러진다고 생각하는 것 같더군요. 그러나 그것은 옳은 생각이 아닙니다. 올해 상반기 서킷시티의 영업 이익이 무려 44퍼센트나 성장했음을 말씀드리고 싶군요. 우리 회사는 아주 견실합니다."[24]

하지만 서킷시티는 몰락의 5단계를 거치며 추락했다. 수익률은 악화되었고, 1990년대 중반에 20퍼센트에 달하던 자기자본이익률은 한 자릿수로 떨어졌다. 2008년 11월 10일, 서킷시티는 파산 보호를 신청했다.

1970년대 초반, 서킷시티는 앨런 위츨Alan Wurtzel의 탁월한 리더십 아래 성장의 탄력성을 얻어 좋은 기업에서 위대한 기업으로 도약했다. 위대한 기업을 만드는 노력은 크고 무거운 플라이휠(기계나 엔진의 회전 속도를 고르게 하기 위해 장치된 관성 바퀴)을 돌리는 것과 같다. 매일, 매주, 매년 쉬지 않고 돌리다 보면 그 힘이 쌓여 마침내 한 바퀴가 돌고 이것이 열 바퀴, 백 바퀴 그리고 천 바퀴, 백만 바퀴가 되면서 가속도가 생긴다. 조직의 플라이휠이 일단 한 번 돌기 시작하면 두 번째나 세 번째 플라이휠을 만들 수 있다. 그러나 성공을 유지하려면 첫 번째 플라이휠을 돌릴 때처럼 고도의 집중력을 유지해야 한다.

하지만 서킷시티는 그렇게 하지 못했다. 쇠락하는 서킷시티의 예에서 볼 수 있듯 자만에 빠져 기존 사업을 등한시하는 태도는 다음과 같은 사이클을 보인다.

1. 성공적으로 플라이휠을 만든다.
2. 곧 닥칠 위협 때문에, 혹은 좀 더 흥미로운 기회를 발견했기 때문에(아니면 단지 지루하다는 이유로) 새로운 기회가 처음 만든 플라이휠보다 성공을 더욱 공고하게 유지해줄 것이라는 생각에 사로잡힌다.
3. 첫 번째 플라이휠에는 이전처럼 세심하게 신경 쓰지 않으면서 새로운 모험에는 마치 삶의 전부가 걸린 것처럼 창의성을 쏟아 붓는다.
4. 야심차게 시작한 새로운 사업이 명백히 실패로 판단되거나 가장 창의적인 에너지가 고갈되며, 설령 성공한다 해도 예상보다 오랜 시간이 걸린다.

5. 처음에 성공을 가져다준 플라이휠로 주의와 관심을 돌려 보지만, 가속도를 잃고 비틀거린다.

인간의 근본적인 필요를 충족시켜 주는 핵심 사업, 그리고 자신을 세상에서 최고로 만들어준 사업은 결코 한물간 사업이 될 수 없다. 우리가 조사했던 몰락한 기업 중 자신의 핵심 사업에 너무 오랫동안 집중한 나머지 다가오는 죽음에 대처하지 못한 기업은 오직 제니스뿐이었다. 우리가 연구한 기업 대조군 가운데 성공한 기업들의 60퍼센트 이상은 같은 기간에 몰락한 비교 기업들보다 자신의 핵심 사업을 발전 및 진화시키는 데 더 많은 노력을 기울였다.

그렇다고 새로운 영역에 절대 발을 들여놓지 않아야 한다거나 서킷시티가 카맥스와 디빅에 투자한 것이 실수였다는 말은 아니다. 서킷시티는 카맥스를 만들 때 창조적인 상상력을 풍부하게 동원했다. 그들은 가전제품에서 했던 방식, 즉 비전문적이고 분산되어 있던 산업에 전문적인 체인점 방식을 도입함으로써, 기존의 중고차 사업과는 완전히 다른 새로운 사업 개념을 창출해 낼 수 있었다.[25]

사실 서킷시티는 카맥스를 매각하기보다 유지했다면 더욱 잘 해낼 수 있었을 것이다. 디빅 역시 시장에서 완전히 실패한 아이디어이긴 했지만, 상대적으로 작은 실험으로 간주할 수 있다. 《성공하는 기업들의 8가지 습관》에서 밝힌 "많은 것을 시도해서 그

중 잘되는 것에 집중한다"는 원칙에 부합하는 긍정적인 사례인 것이다.

주목할 점은 서킷시티가 20년 전에 처음으로 사업을 시작할 당시와 똑같은 열정과 집중력을 발휘해 가전제품 슈퍼스토어를 활성화하려는 노력을 기울이지 않았다는 것이다. 성장과 성공을 지속할 수 있는 가장 큰 기회는 핵심 사업에 있다는 사실을, 아이러니하게도 그들의 강력한 경쟁자가 증명했다. 바로 베스트바이Best Buy다.

1981년, 미네소타 주 로즈빌에 상륙한 토네이도가 '사운드오브뮤직'이라는 상점의 쇼룸을 박살냈다. 고객들은 부서진 유리조각과 나무의 잔해들을 보고 발길을 돌렸다. 다행히 상품을 저장해둔 창고는 무사해 스테레오, TV 등의 제품을 대부분 온전히 건질 수 있었지만, 고객에게 물건을 판매할 장소가 마땅치 않았다. 이때 지략 넘치는 창업자 리처드 슐츠Richard Schulze는 주차장에 '토네이도 세일'이란 푯말을 내걸었다. 더불어 지역광고에 마케팅 예산을 집중적으로 투입하자 인근에 극심한 교통정체가 빚어질 정도로 고객이 밀려들었다.

리처드 슐츠는 자신이 훌륭한 비즈니스 콘셉트를 발견했음을 금세 알아차릴 수 있었다. 광고 마케팅을 적극적으로 진행하고 유명 브랜드의 물건을 많이 구비하며 상점의 디스플레이를 최소화하는 대신(물론 주차장보다는 낫게) 물건을 염가에 파는 전략이었다. 이러한 발견을 토대로 그는 소비자 가전제품을 파는 슈퍼

스토어를 만드는 데 투자했고, 거기에 '베스트바이'라는 간판을 내걸었다.[26]

1982년부터 1988년까지 베스트바이는 중서부 지역에 40개의 슈퍼스토어를 개설하고, 이를 콘셉트Ⅰ 스토어라고 불렀다. 1989년에는 더 나은 쇼핑 경험을 제공하기 위해 고객들을 상대로 체계적인 설문조사를 실시한 끝에, 수수료 기반의 기존 판매 문화를 고객이 최상의 결정을 할 수 있도록 지문해주는 문화로 바꾼 콘셉트Ⅱ 스토어 모델을 만들어냈다.[27]

1995년에는 터치스크린 방식의 정보 제공 박스, 사운드 시스템을 체험해볼 수 있도록 자동차 실내를 옮겨 놓은 모형, 음악 샘플을 들어볼 수 있는 장치, 비디오 게임을 테스트해볼 수 있는 게임 오락 공간 등으로 가득 찬 콘셉트Ⅲ 슈퍼스토어를 만들었다. 이어 1999년에는 새로운 가전제품들이 넘쳐나는 복잡한 시장에서 고객이 자신에게 맞는 제품을 쉽게 찾을 수 있도록 설계한 콘셉트Ⅳ 슈퍼스토어로 진화했다. 2002년과 2003년에는 기술 발전에 어리둥절해하는 고객들을 돕기 위한 체험 공간인 '괴짜 집단 Geek Squads'을 추가했다.[28]

1990년대 말까지는 서킷시티의 고위 경영진이 베스트바이를 심각한 위협으로 생각했다는 증거를 찾아보기 어렵다. 하지만 서킷시티가 베스트바이만큼 슈퍼스토어 사업체를 발전시키는 데 창의적인 에너지를 쏟아 부었다면, 두 회사의 매출이 똑같았던 1997년부터 2006년까지 베스트바이의 반만이라도 성장했다면, 서킷시티는 그 기간에 실제 매출보다 2배나 더 많은 매출을 올렸을 것이다.[29] 물론 실제로는 베스트바이가 종업원 1인당 매출과 수익 면에서 서킷시티보다 2.5배 이상의 실적을 올렸다. 1995~2006년을 살펴볼 때 베스트바이의 1달러당 투자수익은 서킷시티보다 4배 더 많다.[30]

> 자신의 첫 번째 플라이휠에 남아 있는 잠재력을 무시하는 것, 나아가 지금의 플라이휠을 따분하게 여긴 나머지 당연히 성공이 계속될 것이라고 생각하며 또 다른 큰 건수에 주의를 돌리는 태도는 자만이다. 핵심 사업에 파멸의 그림자가 내려앉았을지라도 자동 조종 장치에만 의존해 그대로 방치해서는 안 된다. 확실하게 탈출하거나 온 힘을 다해 고쳐야 한다.

만약 지금까지 성공적으로 이끌어온 사업에 계속 매진하는 것과, 다음번에 무엇이 올 것인지에 대한 긴장감 사이에서 갈등하고 있다면 다음 두 질문에 답해보기 바란다.

1. 핵심 플라이휠이 앞으로 5~10년 내에 통제할 수 없는 힘으로 인해 불가피하게 종말을 고할 여지가 있는가? 튼튼한 성장 엔진을 갖고 있어도 세계 최고로 남는 것이 불가능한가?

2. 핵심 플라이휠에 대한 열정을 잃었는가?

만약 두 질문에 모두 "아니오"라고 대답했다면 처음에 사업을 시작할 때와 같은 상상력과 열광적인 집중력으로 핵심 플라이휠을 계속 밀고 앞으로 나가기 바란다. 물론 발전을 촉진하고 불확실한 미래에 대비하려면 계속 새로운 아이디어를 실험할 필요도 있다.

변화와 상상력을 펼치지 않고 과거를 그대로 답습하라는 말은 아니다. 오히려 그 반대다. 베스트바이가 콘셉트Ⅰ에서 콘셉트Ⅱ, 콘셉트Ⅲ, 콘셉트Ⅳ로 계속 발전했듯 끊임없이 창의적인 개선을 시도해야 한다.

예술가의 삶을 떠올려보라. 피카소는 소설가나 은행가가 되기 위해 회화와 조각을 버리고 자신을 새로 만들어나가지 않았다. 그는 '예술가'라는 근본을 잃지 않은 채 뚜렷이 구분되는 창의적인 단계, 즉 청색 시대(주로 푸른색을 쓰던 시기)로부터 입체파, 초현실주의를 거치며 평생 그림을 그렸다. 베토벤 역시 시를 쓰거나 그림을 그리기 위해 음악을 버리면서 자신을 재창조하지 않았고, 처음부터 마지막까지 작곡가로 남았다. 또한 피카소의 경우와 마찬가지로 3번 교향곡을 쓰고 난 이후에 남긴 9편의 교향곡은 저마다 다르게 발전해나갔다.

성공 원인에 대한 착각

변함없는 탁월성을 유지하는 동시에 놀라운 창의력을 끊임없이 지속적으로 발휘하는 예술가처럼, 위대한 기업들은 연속성과 변화 사이의 긴장 관계를 현명하게 이용해 생산적인 결과를 만들어낸다. 또한 성공의 바탕이 된 원칙들을 고수하는 한편 창조적인 변화와 적응을 통해 실행 전략을 수정하면서 끊임없이 진화하고 발전한다. 서킷시티와 달리 베스트바이는 이 점을 잘 이해했고, 처음에 성공을 안겨준 사업 모델의 핵심 가치들을 계속 유지한 채 매장 형태를 조금씩 바꿔가며 개선(고객은 찾기 쉽게 진열된 유명 브랜드 상품, 저렴한 가격, 쾌적한 시설을 갖춘 베스트바이를 여전히 선호한다)을 이루어나갔다. 성공의 기본 원칙과 현실 변화를 구분하지 못한 채 관행이 그대로 굳어져 버린다면 몰락을 자초하는 것이나 다름없다.

1957년, A&P의 회장 조지 하트퍼드George Hartford는 죽음을 앞둔 마지막 순간, 자신의 충직한 보좌관 랠프 버거Ralph Burger를 불러 "회사를 부탁하네"라는 말을 유언으로 남겼다.[31] 하트퍼드 형제(존 하트퍼드와 조지 하트퍼드)는 선대에게 물려받은 회사를 일구는 데 평생을 바쳤다. 일흔 살의 버거는 수십 년간 창업자를 가까이에서 모신 둘도 없는 조력자였다. 그는 하트퍼드가의 전통을 지키기 위해서라면 근본주의자가 되는 것도 마다하지 않을 사람이었다. 그는 심지어 옷차림에도 하트퍼드 형제에 대한 존경을 담았다. 윌리엄 월시William Walsh가 쓴 《A&P의 부흥과 몰락The Rise and Decline of The Great Atlantic & Pacific Tea Company》에 따르면, 버거는 존 하트퍼드가 입었던 옷을 물려받아 입고 다녔다고 한다. 그는 "회장님은 이 멋진 회색 수트가 쓰레기통에 처박히는 걸 원치 않았을 겁니다"라고 말했다.[32]

세계 최대의 소매업체라는 안락한 섬 안에 고립된 버거는 회사를 부탁한다는 유언을 회사의 고유한 전통과 방식을 그대로 고수해 달라는 의미로 받아들였다. 1973년까지도 존 하트퍼드의 집무실은 20년 전의 모습 그대로 남아 있었고, 옷장 안에는 20년 전의 옷걸이가 예전의 그 자리에 그대로 걸려 있었다.[33]

"우리의 방식을 그대로 유지할 것이며 계속 성공할 것이다. 왜냐하면 우리는 A&P니까"라는 랠프 버거의 거만한 태도 탓에 크로거Kroger 같은 새로운 형태의 소매업체가 손쉽게 시장에 진입할 수 있었다. 버거는 A&P가 성공한 이유에 대해 근본적인 질문을 던지지 않았다. 중요한 것은 과거에 효과를 거두었던 회사 고유의 관행과 전략이 아니라 성공을 가져온 근원적 조건이다. A&P의 고객은 늙어가는 대공황 세대였고 새로운 세대에게는 한물간 회사로 인식되었다. 심지어 "영구차가 지나갈 때마다 '아이쿠, 고객 한 명이 또 사라지는군'이라고 아쉬워해야 할지도 몰라요. 장의사처럼 말입니다"[34]라고 빈정대는 업계 전문가도 있었다.

여기에서 핵심은 '변하지 않아 실패했다'로 요약될 만큼 단순한 문제가 아니다. 끊임없이 변화를 추구하지만 일관된 원칙이 없는 회사도 전혀 변화를 시도하지 않는 회사와 마찬가지로 실패한다. 고유 관행이나 전략을 고수하는 것 자체가 무조건 틀렸다는 것(실제로 위대한 기업들은 시간이 흘러도 변치 않는 일관성을 유지한다)이 아니다. 관행 뒤에 놓여 있는 성공 조건들을 이해해야만 관행을 계속 유지해야 할 때와 변해야 할 때를 구분할 수 있다.

이쯤에서 한 가지 궁금증이 발생할 것이다. 성공의 근본 원인을 정확하게 파악했다는 것을 어떻게 알 수 있을까? 우리가 조사한 훌륭한 리더들은 자신이 성공할 수 있던 요인을 모두 찾아내 완벽하게 이해했다고 가정하지 않았다. 그 이유는 자신의 성공이 우연이나 행운에서 비롯되었다는 다소 근거 없는 두려움을 안고 있었기 때문이다. 다음의 두 접근 방법을 비교해보자.

접근 방법 1 | 성공을 대수롭지 않게 받아들인다("그냥 운이 좋았던 거야. 우리가 적시적소에 있었을 뿐이야. 계속 하다 보니 탄력이 붙은 거겠지. 강력한 경쟁자가 없었으니까"). 이렇게 가정할 경우 행운이 끝나는 날을 대비해 자신을 더욱 강하게 만들고 더 유리한 위치를 차지하고자 끊임없이 애쓸 것이다. 만약 가정이 틀렸다면? 손해 볼 것 하나 없다. 스스로 잘 단련한 덕분에 훨씬 강

해졌기 때문이다.

접근 방법 2 | 자신의 탁월한 역량과 자질 덕분에 성공했다고 가정한다("성공하는 게 당연해. 아주 훌륭하잖아. 현명하고 혁신적이라 비교할 수 없을 정도라니까"). 만약 이 가정이 틀렸다면? 이번에는 심각하다. 자신이 매우 약한 존재라는 것을 너무 늦게 발견했다는 사실을 깨닫게 되지만, 아무런 준비도 하지 않은 상태라 놀라는 일 말고는 아무것도 할 수 없다.

우리가 만난 최고의 경영자들은 호기심 많은 과학자처럼 끊임없이 "왜"라는 질문을 던졌다. 그들은 만나는 사람들의 머릿속에 있는 것을 죄다 흡수해 자기 것으로 만들어야겠다는 의욕을 가진 학생이었다. 아는 사람("왜 이렇게 되는지 나는 다 알고 있어. 내가 설명해줄게")과 학습하는 사람 사이에는 근본적인 차이가 있다.

아는 사람knowing people은 두 가지 경로를 통해 회사를 망하게 한다. 첫째, A&P의 사례처럼 특수한 관행을 신조처럼 여기고 고수한다("이렇게 해서 성공했다는 것을 알고 있잖아. 의심할 필요가 없어"). 둘째, 최초의 성공을 가능하게 만든 조건들이 적용되지 않는 분야에 진출하거나 한계를 넘어 확장하려 한다("계속 성공했으니 이제 투자를 늘리고 규모도 키워야지. 지금까지와는 다른 새로운 분야에 뛰어들 수도 있어"). 두 번째 과오가 기업의 운명을 어떻게 가르는지 두 기업을 비교하며 살펴보자. 과오를 저지른 기업은 역사 속으로 사라졌고 현명하게 학습한 경쟁자는 미국 최대의 기업으로 성장했다.

1950년대 후반, 이름 없는 작은 회사 하나가 '소도시와 시골에 기반을 둔 대형할인점'이라는, 당시로서는 획기적인 사업 모델을 개발했다.[35] 회사의 미래를 새로운 사업 모델에 걸고 모든 상품을 최저가에 판매하는 전략을 채택한 개척자는 상당한 성과를 올리며 시장을 선점했다.[36] 선도적인 경영자는 직원들과 함께 성장하는 기업 정신을 만들었고 고도화된 정보 시스템을 도입했으며 성과 중심의 문화를 구축했다(경영자의 의도와 정책이 현장에서 실행될 수 있도록 매주 월요일 아침 5시에 각 지점장들이 주간 실적표를 점검하도록 했다). 이 회사는 소도시 중심가 상점들을 모조리 섬멸했을 뿐 아니라, 강적 케이마트Kmart와의 정면 대결에서 어떻게 싸워야 하는지도 알게 되었다.[37] 1970년 1월, 이 회사의 주식을 사서 1985년까지 보유하고 있었을 경우 6,000배 이상의 수익을 올릴 정도로 단기간에 급성장을 이루었다.[38]

자, 이 회사의 이름은 무엇일까?

월마트? 아쉽게도 틀렸다.

정답은 에임스할인점이다.

에임스는 1958년에 지금의 월마트를 있게 한 바로 그 사업 모델을 기반으로 설립된 회사로 월마트보다 4년 앞서 시장에 진출했다.[39] 중남부에 기반을 둔 월마트와 북동부에 기반을 둔 에임스는 20년간 멈추지 않는 성장세를 기록하는 듯했다. 1973년부터 1986년까지의 주식수익률도 비슷했고, 두 회사 모두 시장 평균보다 9배나 높은 수익률을 달성했다.[40]

그런데 이 책을 쓰고 있는 2008년 현재 에임스는 어디에 있나? 시장에서 사라졌다. 완전히 망했다. 에임스에 관한 이야기는 어디에서도 들을 수 없다. 그러나 월마트는 여전히 살아남아 시장을 지배하고 있다. 연매출 3,790억 달러를 기록하는 이 기업은 〈포천〉 500대 기업 순위에서 1위를 차지하고 있다.

도대체 무슨 일이 일어난 것일까? 월마트가 에임스와 다른 점은 무엇인가? 가장 큰 차이는 창업자 샘 월튼 Sam Walton 의 겸양과 배움의 자세에서 찾을 수 있다.

1980년대 후반 남아메리카에 기반을 둔 할인소매업체를 사들인 브라질 투자자들이 산업에 대한 이해가 필요하다는 판단 아래 미국의 10개 할인소매업 최고경영자에게 편지를 보냈다. 회사를 어떻게 운영해야 하는지 만나서 조언을 얻고 싶다는 내용이었다. 이때 모두가 거절 의사를 밝히거나 아예 답변하지 않았다. 단 한 사람, 월튼만 제외하고 말이다.[41]

아칸소 주 벤턴빌에 도착한 투자자들이 비행기에서 내렸을 때 인상 좋은 백발의 노신사가 다가와 말을 걸었다.

"어떻게 오셨습니까?"

"샘 월튼을 만나러 왔습니다."

"제가 샘 월튼입니다."

월튼은 손님들을 픽업트럭이 세워진 곳으로 안내했고, 그들은 월튼이 기르던 개 '올로이'와 함께 나란히 끼어 앉아 이동했다. 며칠 동안 월튼은 손님들에게 브라질과 라틴아메리카의 소매업 등에 대해 쉴 새 없이 질문을 퍼부었다. 때로는 주방 싱크대 앞에 서서 저녁식사에서 사용한 그릇들을 설거지를 하면서도 질문을 계속했다. 브라질 투자자들은 한참 후에야 깨달았다. 사상 최초로 연매출 1조 달러를 달성할 것이 확실시되는 기업의 창업주 월튼이 자신들에게 배우려 하고 있었던 것이다. 절대 자신들이 배우고 있는 것이 아니었다.

월마트가 수천억 달러의 연매출을 올리는 기업으로 성장하자 월튼의 고민은 깊어졌다. 경영 일선에서 물러난 후를 대비해 자신이 추구해온 목표 의식과 겸손한 탐구 정신을 월마트의 조직 문화에 정착시킬 방법을 찾고 싶었기 때문이다. 그가 볼 때 자만심이 고개 들지 못하도록 하는 방법 중 하나는 회사를 자신과 비슷한 자질을 가진 인물, 데이비드 글래스David Glass에게 맡기는 것이었다.

월튼이 선택한 후계자는 호기심 많고 조용하며 겸손한 경영자로, 유통업계에 종사하는 사람이 아니면 이름조차 알 수 없는 낯선 인물이었다. 그는 사람들 앞에 나서는 것을 매우 싫어했다. 이 신임 CEO가 창업주로부터 배운 것은 "월마트는 기업을 이끌어가는 몇몇 사람을 위해서가 아니라 고객을 위해 존재한다"는 사실이었다. 글래스는 월마트의 미션인 "서민도 부자가 구입하는 것과 같은 물건을 살 수 있게 한다"를 열렬하게 신봉했고, 그 존재 이유를 충실히 지켜야 한다는 사실을 의심치 않았다. 또한 월튼과 마찬가지로 기업의 존재 이유와 목적을 달성하는 데 필요한 개선 사항들을 거침없이 실행해나갔다. 훌륭한 인재를 고용하고 기업 문화를 구축하면서 월마트에게 성공을 가져다준 원칙을 고수하는 동시에 새로운 분야(식료품에서 전자제품으로)로 진출했다.

이는 에임스와 상당히 대조적이다. 월튼이 월마트에게 성공을 가져다준 요인을 잘 이해하고 기업 문화 유전자를 온전하게 받아들여 체화시킨 내부 인사에게 경영권을 승계한 반면, 에임스의 허브 길먼 Herb Gilman 은 외부 인사를 후계자로 지명했고 이 리더는 회사를 과감하게 바꿔 놓았다.[42] 이에 따라 월마트는 기업의 핵심 가치, 존재 이유, 기업 문화에 대한 종교와도 같은 열의를 계속 유지할 수 있었지만, 에임스는 급속한 성장을 위해 모든 것을 새롭게 바꾸려고 함으로써 원칙 없는 성장 추구라는 몰락의 2단계에 접어들고 말았다.

1단계의 징조

1단계부터 4단계까지는 마지막 부분에 각 단계를 암시하는 징조들을 소개한다. 물론 이러한 징조가 몰락의 모든 사례에 빠짐없이 등장하는 것은 아니며 징조가 발견되었다고 해서 병이 들었다고 단정할 수도 없지만, 몰락 단계에 접어들었을 가능성이 크다는 사실을 암시

한다. 그러므로 자가진단 체크리스트로 이용해도 도움이 될 것이다. 열거된 징조 가운데 일부는 앞에서 언급하지 않은 것도 있는데 이는 설명할 필요조차 없을 만큼 자명하기 때문이다.

성공이 선사한 부작용, 자만 ǀ 성공은 일시적이고 운이 따라야 하며 때로는 희박한 확률 아래 죽을힘을 다해 쟁취하는 것인데 마치 당연하다는 듯 여긴다. 어떤 상황이 주어지더라도 성공은 영원할 것이라고 믿기 시작한다.

방치되는 첫 번째 플라이휠 ǀ 경영자들은 외부의 위협, 새로운 모험과 기회 등에 정신을 빼앗겨 첫 번째 플라이휠을 방치하고 성공을 가져다준 창의적인 열정을 더는 회복하지 못한다.

'무엇'이 '왜'를 대체 ǀ 성공의 수사학("바로 이것을 했기 때문에 우리는 성공했다")이 성공에 대한 이해와 통찰력("왜 우리가 이 일을 했는지 그리고 어떠한 조건 아래에서 더는 효과를 발휘하지 못하는지 잘 알고 있기 때문에 우리는 성공했다")을 잠식한다.

학습 의욕 상실 ǀ 경영자들이 위대한 사람들의 특징인 호기심과 학습 욕구를 잃어버린다. 위대한 사람들은 아무리 큰 성공 앞에서도 처음과 동일한 기울기의 가파른 학습 곡선을 유지한다.

행운의 역할 무시 ǀ 운과 우연의 역할을 인정하지 않고, 전적으로 회사와 리더십의 탁월성 덕분에 성공했다고 가정한다.

2단계 원칙 없이 더 많은 욕심을 내는 단계

HOW THE MIGHTY FALL

몰락의 2단계

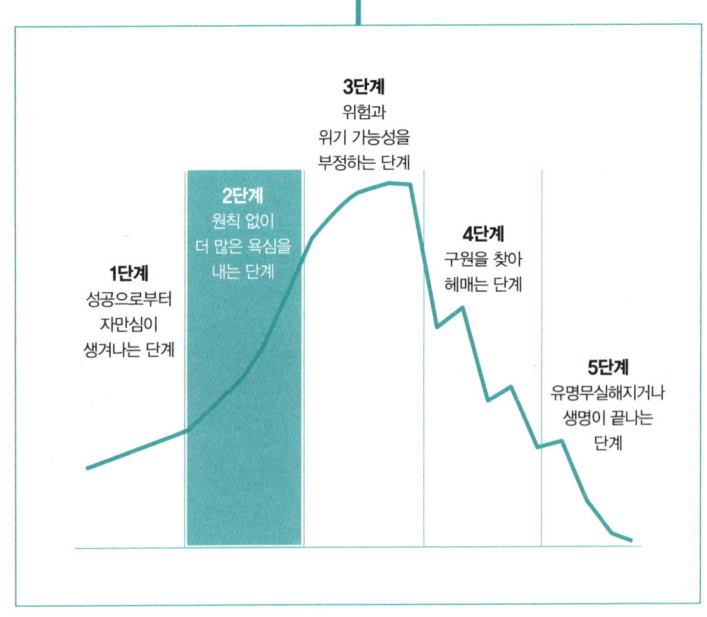

1988년 에임스는 1년 안에 회사 규모를 2배로 늘린다는 기대로 자이레Zayre 백화점 스토어를 사들였다.[43] 기업 인수를 통해 규모가 20퍼센트, 50퍼센트 혹은 70퍼센트 늘어나는 정도가 아니라 갑절이 되는 결정이었다. 기업 인수는 극단적인 선택이다. 인수하거나 하지 않거나 둘 중 하나지 그 중간은 없다. 기업 인수가 잘못된 판단이었다는 사실이 드러나더라도 다시 이전으로 되돌릴 수는 없다. 핵심 가치와 맞지 않거나 기업 문화를 침해할 경우, 혹은 기존에 세계 최고임을 입증했던 그 무엇과 반대되거나 경제적 논리를 거역하는 대형 인수 합병(대형 기업 인수는 대개 통찰력과 이해보다 허세의 산물이다)을 추진할 경우 기업은 몰락하고 만다.

에임스의 자이레 인수는 30년간 구축해온 모멘텀을 파괴하고 말았다. 월마트가 도시 지역으로 진출하기 전에 먼저 농촌 지역과 작은 마을에 집중하면서 발전을 추구한 데 비해, 에임스는 자이레를 인수하면서 하룻밤 새에 도시 지역의 유력한 유통업체로 탈바꿈했다. 또한 월마트는 모든 브랜드를 한결같이 매일 저가로 공급하는 전략을 지속적으로 유지했지만, 에임스는 그와 반대로 자이레를 통해 전략을 급격히 변경해버렸다. 이로 인해 에임스는 1986~1989년에 매출이 2배 이상 늘어났으나, 그 성장의 대부분은 과거에 에임스를 위대한 기업으로 만들었던 전략적 통찰과 맞지 않았다.

결국 이런 상황을 이겨내지 못한 에임스가 파산으로 추락하면서 1986~1992년의 주식 누적수익률은 98퍼센트나 떨어지고 말았다.[44] 비록 파산을 딛고 다시 모습을 드러내긴 했지만 모멘텀을 회복하지 못하고 2002년에 청산되었다.[45] 반면 월마트는 하나씩 점포를 늘리고 차근차근 지역을 확대하는 전략을 통해 미국 전역으로 끈질기게 진출했다. 결국 월마트는 에임스가 최초로 시작했던 그 사업 모델을 유지하면서 에임스를 누르고 최고의 기업이 될 수 있었다.[46]

현실 안주보다 무서운 과다한 욕심

사람들은 흔히 위대했던 기업이 추락한 원인은 대부분 혁신 거부, 과감한 행동 부재, 변화 등한시에 있거나 아니면 단순히 게을러서 현실에 안주하다가 뒤처졌기 때문일 것이라고 추측하곤 한다. 하지만 우리가 실제로 조사한 데이터는 그렇게 말하지 않았다. 물론 현실에 안주하고 변화와 혁신을 거부하는 기업은 결국 망한다. 그런데 놀랍게도 우리는 조사한 기업들에서 현실에 안주해 몰락했다는 증거를 찾기 어려웠다. 그보다는 오히려 과도한 욕심을 부려 스스로 화를 자초한 경우가 거의 대부분이었다.

현실 안주가 몰락의 주된 이유로 보이는 기업은 오직 한 곳, A&P뿐이었다(A&P는 '자만 → 현실 안주 → 부정 → 구원을 찾아 헤맴'의 패턴을 따랐다). 다른 경우에는 모두 2단계에서 커다란 에너지를 발견할 수 있었다(〈부록 4-A〉 증거표 참조). 심지어 2단계에서 상당한 혁신을 했다는 사실이 발견되었는데, 이는 위대한 기업이 추락하기 전에 혁신 노력을 줄일 것이라는 가정을 뒤집는다. 11개 기업 가운데 오직 두 곳(A&P, 스콧페이퍼)만이 몰락의 초기 단계에서 혁신 노력을 하지 않았다는 유력한 증거가 발견되었다.

1991년부터 1995년까지 특허 건수를 613건에서 1,016건으로 늘린 모토로라는 특허 취득에서 '미국 3위'라고 발표했다.[47] 머크는 1996년부터 2002년까지 1,933건의 신물질 특허를 취득(업계 최고로 2위보다 400건 앞선다)했지만 그 전에 이미 몰락 단계에 접어들었다.[48] 1999년 HP는 '발명' 캠페인을 벌여 2년 만에 특허 출원 건수를 2배 가까이 늘렸으나 몰락의 4단계로 떨어졌다.[49]

러버메이드의 처참한 붕괴도 마찬가지였다. 1990년대 초, 두 명의 러버메이드 경영자는 대영박물관의 고대 유물관을 찾았다. 그중 한 명은 〈포천〉에 "고대 이집트의 부엌용품 중에는 훌륭한 아이디어가 돋보이는 것도 있다"고 말하며 신제품에 관한 아이디어를 11가지나 가지고 돌아왔노라고 밝혔다. 다른 경영자는 "이집트인은 수납 용기 제작에서 뛰어난 자질을 발휘했다"고 맞장구쳤다.

"나무용기의 뚜껑을 쉽게 여닫을 수 있도록 영리하게 만든 작은 손잡이가 달려 있었습니다."[50]

대영박물관을 한 번 방문해서 얻은 11개의 아이디어가 회사에 무슨 대단한 영향을 미쳤겠느냐고 생각할 수도 있지만, 실제로 러버메이드는 12개월이나 18개월마다 신제품 카테고리를 새로 만들면서 하루 하나, 일주일에 7개, 1년에 365개의 신제품을 쏟아냈다.[51] 1994년에 러버메이드의 CEO는 '발 빠른 성장'을 목표로 내세웠다.

"우리의 비전은 성장입니다."

성장은 신시장, 신기술, 새로운 합병, 새로운 지역으로의 진출, 새로운 합작투자 그리고 무엇보다 매년 수백 건의 신제품 혁신 등 한 번에 여러 가지 새로운 일을 함으로써 달성할 수 있다. 〈포천〉은 러버메이드가 3M이나 애플보다 혁신적이고 인텔보다 더욱 혁신적인, 다시 말해 미국에서 '가장 존경받는' 1등 기업이 되고자 한다고 적고 있다.[52]

러버메이드는 3년간 거의 1,000개에 달하는 신제품을 숨 막히게 쏟아냈다. 하지만 18개월간 원재료 비용이 2배로 뛴 데다 다른 한편으로는 야심적인 성장 목표로 인해 비용을 통제하고 주문을 제때 맞추는 등의 기본적인 활동마저 제대로 해내지 못해 점점 벼랑 끝으로 내몰렸다.[53] 1994년부터 1998년까지 엄청난 속도로 몰락의 길로 내달린 러버메이드는 그들의 성공을 지켜보던 모든 사람을 경악시켰다.

1995년 4분기에 러버메이드는 10년 만에 처음으로 적자를 기록했다. 그들은 6,000개에 가까운 유사제품을 없앴고 9개 공장을 폐쇄했으며 1,170개의 일자리를 없앴다. 역사상 가장 큰 합병을 진행했고 새로운 인센티브 보상 제도를 추진하는 것은 물론, 인터넷을 '르네상스 도구'라 칭하며 대규모 온라인 마케팅에 기대를 걸기도 했다.[54]

그러나 러버메이드의 혼란은 끝날 줄 모르고 계속되었다. 결국 2년 만에 두 번째의 대규모 구조조정에 들어갔다. 그리고 마침내 1998년 10월 21일, 러버메이드는 뉴웰코퍼레이션에 매각되면서 위대한 기업으로 돌아갈 기회를 영영 잃어버리고 말았다.[55] 혁신은 성장을 가속화할 수도 있지만 혁신을 급하고 과하게 할 경우, 성장으로 인해 기업의 탁월한 기반이 침식됨으로써 기업이 몰락의 길로 내몰리게 된다는 사실을 러버메이드는 너무 늦게 깨달았다.

여기에서 한 가지 의문이 생긴다. 사람들은 왜 반대되는 증거가 있는데도 기업이 몰락하는 주된 이유로 현실 안주와 혁신 부족만 거론하는 것일까? 나는 두 가지 이유 때문이라고 생각한다. 첫째, 위대한 기업을 건설했던 사람들은 추진력과 열정이 강하기 때문에, 무언가 새로운 발전을 계속 도모하지 않으면 견딜 수 없는 유전자를 소유하고 있다. 만약 그저 그런 기업에서 형편없는 기업으로 추락한 회사들을 연구해 살펴본다면 전혀 다른 패턴을 목격할 수 있을 것이다. 둘째, 일반적으로 사람들은 다른 사람이 몰락한 원인을 자신에게 없는 성격적 결함으로 돌리고 싶어 한다.

"그들은 게으르고 자기만족에 빠졌기 때문에 추락한 것입니다. 하지만 나는 그렇지 않아요! 나는 열심히 일하고 있고 열정적으로 변화와 혁신을 주도할 의지도 있습니다. 나에겐 몰락할 성격적 결함이 없지요. 나는 결코 그런 성향의 사람이 아닙니다. 그런 일은 내게 일어날 수 없어요!"

하지만 끔찍한 몰락은 추진력을 발휘하며 창의적으로 열심히 일하는 사람에게도 일어날 수 있다. 2008년에 발생한 월스트리트 붕괴의 주요 원인을 추진력 부족이나 야심적인 목표 부재 탓이라고 말하기는 어렵다. 오히려 그들은 리스크 감수, 레버리지, 금융 혁신, 공격적인 기회 탐색, 성장 추구에서 지나치게 앞서갔기 때문에 그런 결과를 맞은 것이다.

성장에 대한 과도한 집착

1995년, 머크의 CEO 레이 길마틴Ray Gilmartin은 주주들에게 보내는 연례서신에서 회사의 첫 번째 사업 목표를 '성장이 가장 빠른 회사'로 정했다고 밝혔다. 수익성, 혁신적 약품, 과학적 역량, 연구 개발, 생산성이 아니라(물론 길마틴은 이러한 사항을 전략의 핵심 요소로 지목했다) 성장을 가장 중요한 덕목으로 삼은 것이다. 이후 7년간 머크는 강력히 성장을 추진했다. 2000년 연례보고서에 실린 회장의 서신 첫머리에도 "머크는 성장에 총력을 기울이고 있다"고 선언했다.

당시 상황을 고려하면 머크의 과감한 성장 선언은 상당히 의아한 일이었다. 각각 연매출 약 50억 달러를 올리던 5개 의약품의 특허가 2000년대 초에 만료될 예정이었기 때문이다.[56] 약품업계에서 판매되는 복제 약품의 성장세가 점점 커져가고 있던 터라 머크가 가격경쟁력이 떨어지는 분야에서 수백만 달러의 손실을 입으리라 예상되었다. 더구나 성장을 달성하려면 전임자로이 바젤로스Roy Vagelos보다 훨씬 광범위한 수익 기반을 만들어야 했다.

물론 길마틴은 1980년대 말에 바젤로스가 했던 것처럼 약 50억 달러의 매출을 올릴 수 있는 신약 개발을 통해 성장을 이루고자 했다. 하지만 1990년대에 250억 달러 이상의 수익을 창출해 기존의 성장세 이상으로 성장을 이뤄낼 수 있는 신약을 개발한다는 것은 무리였다. 특히 머크처럼 기본적으로 과학적 발견에 의지하는 기업이 계속 높은 성장세를 이어가는 것은 결코 쉬운 일이 아니었다. 하버드비즈니스스쿨의 사례 연구에 따르면 수익을 올릴 수 있는 새로운 분자식 개발 확률은 약 15만 분의 1이라고 한다.[57]

그런데도 〈비즈니스위크〉는 1998년의 기사에서 "길마틴은 그런 사실을 개의치 않았다"고 이야기하고 있다.[58] 그렇다면 머크는 어떻게 신약 개발을 그렇게 자신할 수 있었을까? 1998년에 보낸 회장의 연례보고서 두 번째 문단을 보면 그 해답을 일부 발견할 수 있다. 머크에게 자신감을 심어준 존재는 바로 바이옥스

Vioxx였다.[59] 1999년 머크는 FDA로부터 승인을 받고 바이옥스를 출시하면서 '막대한 잠재력을 지닌 블록버스터 제품이 될 것'이라며 대대적으로 광고했다. 연례보고서의 첫 장에도 "바이옥스: 우리의 최고, 최대 제품이자 가장 빨리 출시한 약품"이라고 선전했다.[60]

2000년 3월, 8,000명이 넘는 류머티즘 관절염 환자를 대상으로 한 예비조사 결과, 바이옥스의 탁월한 효능이 밝혀졌다. 나프록센 진통제보다 소화 장애 부작용이 덜하다는 결론도 나왔다. 그러나 아직 확정되지는 않았지만 바이옥스의 안전성에 의문이 제기되었다. 바이옥스를 투여한 집단에서 나프록센을 투여한 집단보다 심혈관계 이상 증상(혈전증으로 인한 심장마비와 뇌졸중)이 더 많이 나타났다는 것이다.[61]

이 조사는 플라시보 통제 그룹 없이 계획되었기 때문에 결과를 놓고 다양한 해석이 나왔다. 나프록센이 심혈관 위험을 낮췄을 수도 있고 바이옥스가 심혈관 위험을 증가시켰을 수도 있으며, 두 가지가 복합적으로 작용한 것일 수도 있었다. 나프록센은 아스피린처럼 심장질환 예방 효과가 있었는데, 머크는 두 가지 약제를 투여한 환자들 가운데 심혈관계 이상이 생긴 숫자에 차이가 나는 것은 "거의 나프록센의 효과 때문"이라는 결론을 내렸다.[62]

2002년에 바이옥스의 매출은 25억 달러까지 늘었고, 2004년에는 바이옥스가 처방된 건수가 길마틴의 아내까지 포함해 미국에서만 1억 건을 넘었다.[63] 그와 동시에 바이옥스의 안전성에 의문을 제기하는 목소리도 계속 늘어만 갔다.[64] 이에 머크는 바이옥스를 복용하고도 심혈관계 위험이 높아지지 않은 2만 8,000명의 환자에 대한 내부 조사 결과를 제시하며 이를 정면으로 반박하고 나섰다.[65]

그러나 2004년 9월 중순 무렵, 바이옥스의 안정성 모니터 요원들은 위험성을 경고하는 데이터가 든 우편물을 받았다. 〈워싱턴포스트〉에 글을 기고한 브룩 마스터스Brooke Masters와 마크 카우프먼Marc Kaufman은 안전성 모니터링 팀이 수일간 데이터를 검토한 결과 놀라운 결론을 내릴 수밖에 없었다고 한다. 후에 머크의 연례보고서에는 다음과 같은 글이 실렸다.

"18개월간 바이옥스 처방을 받은 환자들은 플라시보 처방을 받은 환자에 비해 심장마비와 뇌졸중 같은 심혈관계 이상의 상대적 위험이 증가했다."[66]

급기야 조사위원회는 이 약의 처방을 중단시켰고 머크는 충격의 도가니에 빠졌다.[67] 조사위원회의 결론을 접한 길마틴은 〈보스턴글로브Boston Globe〉와의 인터뷰에서 솔직하게 말했다.

"그야말로 청천벽력이었습니다. 나는 완전히 넋이 빠졌죠."[68]

길마틴은 마음의 결정을 내렸다. 새로운 데이터를 전달받은 지 일주일 만에 머크는 자진해서 바이옥스를 회수했다. 그때 머크의 주가가 45달러에서 33달러로 추락하는 바람에 하룻밤 사이에 시가총액 250억 달러가 사라졌다. 11월 초에 다시 주가가 26달러

밑으로 내려가면서 주주들의 손실액은 추가로 150억 달러가 늘어났다. 6주일 만에 400억 달러가 사라져버린 것이다.[69]

나는 머크의 경영자가 환자들의 생명을 담보로 수익을 추구하는 악당이었다거나, 누구의 요청도 없었지만 수익성 좋은 제품을 자진해서 철수시킨 용기 있는 영웅이었다는 주장을 하려는 게 아니다. 머크가 블록버스터 약품을 추구하는 실수를 저질렀다고 말하려는 것도 아니다. 물론 머크는 수십 년간 블록버스터급 신약 개발을 추진해왔고, 특허 취득을 통해 커다란 성공을 이루기도 했다. 내가 하고 싶은 말은 머크가 빠른 성장에 몰두하는 바람에 바이옥스 같은 블록버스터를 서둘러 출시하며 많은 기대를 걸었고, 그것이 성공하지 못하자 추락했다는 사실이다.

> 만약 머크가 적게 약속하고 꾸준히 실행에 힘써 많은 것을 달성했다면, 우리가 머크의 커다란 실수를 거론하는 일은 없었을 것이다. 문제는 자만심에 젖어 야단스럽게 점점 더 많은 것을 약속했다는 데 있다. 너무 기대를 높여 놓았다는 것을 발견하는 날, 그날이 바로 몰락의 날이다.

성장을 추구하던 머크의 여정은 과거에 이 회사를 위대하게 만들었던 기업 목적과 철학을 약화시켰다. 1950년, 조지 머크 George Merck 2세는 비전 있는 사업 목적을 제시했다.

"의약품은 인간을 위한 것이라는 사실을 잊지 않아야 합니다. 수익은 부수적으로 따르는 것이며 우리가 이것을 명심한다면 수익은 반드시 창출될 것입니다."[70]

머크가 이런 핵심 목적을 저버린 것은 아니다(길마틴이 자진해서 바이옥스를 시장에서 철수하기로 한 것도 이러한 정신에 따른 것이다). 그보다는 성장이라는 목표에 너무 치중한 나머지 핵심 목적이 기업의 근본적인 추진 농력이 아닌 '기본 배경' 정도로 축소되었을 뿐이다.

《성공하는 기업들의 8가지 습관》에 등장했다가 이 책에서는 몰락한 사례로 전락하고 만 머크, 모토로라, HP는 과도하게 성장을 추구하다가 엄청난 손상을 입었다. 이들 기업의 창업자는 모두 단순히 돈을 버는 것 이상의 고상한 사업 목적 아래 기업을 일구었다.

조지 머크 2세는 인간의 생명을 보전하고 개선하는 길을 모색했다. 폴 갤빈은 인간의 무한한 창의성을 통해 끊임없이 거듭나고 싶어 했다. 빌 휴렛과 데이비드 팩커드는 HP의 존재 이유가 기술적 공헌에 있다고 생각했으며, 수익은 그러한 목적을 실현하다 보면 자연히 얻게 된다고 여겼다. 조지 머크 2세, 폴 갤빈, 빌 휴렛과 데이비드 팩커드는 모두 기업 확장과 규모 확대를 최종 목표로 삼지 않았고, 핵심 목적을 추구하다 보면 자연히 얻게 되는 부수적인 결과로 보았다. 단지 이후 세대들이 그러한 교훈을 잊었을 뿐이다. 다시 창업자의 정신으로 돌아가야 한다.

물론 상장기업은 자본시장으로부터 최대한 빨리 성장하라는 압력을 받는다. 이러한 사실을 부정할 수는 없다. 그렇다고 해도 우리의 연구를 보면 오히려 단기적인 성장 압력에 굴복하지 않은 기업들이 소위, 투자 누적수익률이라는 월스트리트의 평가 항목에서 장기적인 성과를 올리고 있음을 알 수 있다. 위대한 기업을 세운 사람들은 주당 가치와 주당 가격, 주주와 투기꾼을 구분할 줄 안다. 나아가 자신의 책임은 투기꾼을 위해 주가를 반짝 높이는 것이 아니라 주주의 가치를 극대화하는 것임을 알고 있다. 위대한 리더는 성장, 즉 성과 확대, 영향력 확장, 창조력 증대, 직원 성장을 추구하며 결코 장기적인 가치 제고를 저해하는 성장 압력에 굴복하지 않는다. 성장과 탁월함을 혼동하지도 않는다. 규모가 큰 동시에 위대할 수는 있지만, 위대하다고 모두 규모가 큰 것은 아니다.

팩커드 법칙의 위반

한 가지 짚고 넘어갈 것은 2단계의 문제가 성장 그 자체에서 오는 것이 아니라 원칙 없이 더 많은 욕심을 내는 데서 발생한다는 사실이다. 머크의 사례는 성장에 집착하다 위험에 빠진 경우이며, 2단계의 행동에는 여러 가지 다른 유형도 있다.

첫째, 불타는 열정을 느끼지 못하는 분야에 뛰어든다. 둘째, 핵심 가치에 역행하는 행동을 한다. 셋째, 경쟁자보다 확실히 잘

할 수 있는 능력을 갖추지 못한 채 새로운 분야에 지나치게 투자한다. 넷째, 경제적으로나 보유 자원으로 볼 때 적합하지 않는 행동을 서둘러 행한다. 다섯째, 규모에 집착한다. 여섯째, 자신의 핵심 사업을 무시하고 구미가 당기는 새로운 기회를 좇아 성급히 행동한다. 일곱째, 장기적인 성공을 희생하면서 자신의 개인적인 성공(더 많은 부와 명예, 권력)을 위해 조직을 수단으로 삼는다. 여덟째, 성장과 확장을 추구하다가 가치를 양보하거나 핵심 목적에 대한 통찰력을 잃어버린다.

2단계의 가장 뚜렷한 징후는 '팩커드 법칙'을 깨는 데서 찾을 수 있다. 우리는 이 법칙을 HP의 공동창업자 팩커드의 이름에서 따왔다. 그는 위대한 기업은 기회가 없어서가 아니라 오히려 기회가 너무 많아 소화불량 때문에 망할 수 있음을 꿰뚫어 보고 있었다.[71] 4단계에서 살펴보겠지만 아이러니하게도 HP는 스스로 팩커드 법칙을 위반하고 말았다. 팩커드 법칙이란 '그 어떤 기업도 성장을 실현하고 나아가 위대한 회사를 만들어갈 적임자를 충분히 확보하는 능력 이상으로 계속해서 수익을 빠르게 늘려갈 수 없다'는 것을 뜻한다.

이전에 냈던 책에서 이미 팩커드 법칙에 관해 말했지만, 우리는 몰락의 측면에서 기업을 바라보며 더욱 심오하게 팩커드 법칙을 이해할 수 있었다. 어느 기업이 성장을 실현하고 나아가 위대한 기업을 만들어갈 적임자를 충분히 확보하는 능력 이상으로 계속해서 수익을 빠르게 늘려가려 하면, 그 회사는 단순히 침체

되는 것이 아니라 몰락하고 만다.

우수한 기업의 기반은 무엇보다 자신을 통제할 수 있고 동기를 부여하는 인재다. 따라서 기업 문화의 핵심은 이러한 인재의 확충과 육성에 두어야 한다. 이런 문화는 규칙과 규율, 관료 제도로 뒷받침된다고 생각할지도 모르지만 나는 그 반대로 본다. 만약 스스로 책임지는 적임자가 있다면 굳이 많은 규칙과 생각 없는 관료 제도를 내세울 필요가 없다(핵심 위치에 맞는 적임자에 관해서는 〈부록 5〉에서 간단히 언급한다).

사실 2단계 기업은 지독한 악순환에 빠질 수 있다. 일단 팩커드 법칙을 위반하고 핵심 위치에 부적절한 사람을 채우기 시작한다. 그 다음에는 부적절한 사람을 보완하기 위해 관료적 절차를 시행한다. 이는 인재를 쫓아낸다(그들은 관료주의가 판을 치는 곳이나 경쟁이 없는 곳에서 일하는 걸 싫어한다). 회사는 다시 잘못된 인재를 앉히고 그것을 보완하기 위해 관료주의를 더욱 심화시키며 또다시 인재는 도망간다.

결국 딱딱하고 관료주의적인 문화는 점점 원칙이 살아 있는 탁월한 문화를 잠식한다. 관료주의적 규칙이 핵심 가치와 요구되는 틀 안에서의 자유와 책임의 미덕을 침식할 때 평범함이라는 질병에 감염된다.

> 몰락을 경고하는 징조 중에서 가장 뚜렷한 것을 고르라면, 핵심 위치에 적임자가 배치된 비율이 감소하는 것을 들 수 있다. 1년 365일 언제라도 다음의 질문에 대답할 수 있어야 한다. 우리 조직에서 핵심 요직은 어디인가? 그 자리에 적임자가 배치된 비율이 얼마나 된다고 자신할 수 있는가? 그 비율을 늘려나갈 계획이 있는가? 적임자가 요직을 떠날 경우 이를 보완할 계획이 있는가?

적임자와 적임이 아닌 자는 그 의식에서부터 확실히 구분된다. 적임자는 '책임'을 맡았다고 여기는 반면 적임이 아닌 자는 '일'을 맡았다고 생각한다. 누구든 요직에 있는 사람은 "무슨 일을 하십니까?"라는 질문에 직위로 대답하는 것이 아니라 개인적으로 어떤 책임을 맡고 있는지 말할 수 있어야 한다.

"나는 x와 y를 궁극적으로 책임지고 있는 사람입니다. 앞뒤 좌우를 아무리 살펴보아도 나 이외에는 궁극적으로 책임을 지고 있는 사람이 없습니다."

때로 경영진이 우리 연구소를 방문하는데 나는 자신을 직위로 소개하지 말고 어떤 책임을 맡고 있는지 소개해보라고 요구한다. 이때 어떤 사람은 쉽게 소개하는 반면 원칙을 잃어버린 문화(혹은 아직 그런 문화가 자리 잡지 않은) 속에서 일하는 사람은 아주 난처해한다.

뱅크오브아메리카가 위대한 기업으로 떠오를 때는 캘리포니아 전역의 모든 지점에서 웬만한 대출 결정은 분명 대출담당 매니저에게 달려 있었다. 머데스토Modesto든 스톡턴Stockton이든 애너하임Anaheim이든 모든 지점의 매니저는 자신의 대출 포트폴리오 구성에 관해 다른 사람을 쳐다볼 필요 없이 스스로 책임지고 결정했다. 그러나 뱅크오브아메리카가 몰락하면서 100여 개의 대출심사위원회가 생길 정도로 결재 계층이 복잡해졌고, 책임 소재를 명확히 하기 위해 서명이 최대 15개나 필요하기도 했다. 그렇다면 대출 결정을 책임지는 사람은 누구일까?

만약 내가 10여 개의 위원회에 대출요청서를 내고 15개의 서명을 받아냈다면 그 대출이 악성으로 드러나도 내 책임은 아니다. 분명 다른 누군가(시스템 그 자체다!)에게 책임이 있다. 무능한 대출담당자는 관료제 뒤에 숨는 반면, 자기 원칙이 있는 대출담당자는 무능한 동료들이 보상받도록 설계된 시스템에 점점 좌절한다. 언젠가 뱅크오브아메리카의 한 임원이 나에게 말했다.[72]

"우리 회사의 커다란 비극 가운데 하나는 우리의 시스템이 능력주의가 아니기 때문에 많은 젊은 인재를 잃고 있다는 점입니다."

조사 결과, 훌륭한 리더가 모인 경영진이 일련의 뛰어난 의사 결정을 해나갈 때 성과가 비약적으로 도약하는 것으로 나타났다. 2단계 기업을 조사한 우리 연구의 중요한 핵심은 한 기업이 비범한 성과를 지속하는 것은 적임자를 핵심 요직에 얼마나 잘 배치하고 유지하느냐에 좌우된다는 점이다.

원만하지 못한 권력 승계의 문제

기원전 44년 3월 15일, 가이우스 율리우스 카이사르는 로마의 폼페이우스 극장에서 칼로 23군데를 찔려 숨을 거두었다. 그에게는 양자로 삼은 조카의 아들 옥타비아누스가 있었다. 당시 열여덟 살이던 옥타비아누스는 카이사르의 오랜 동맹자였던 마르쿠스 안토니우스나 클레오파트라(카이사르와의 사이에 아들을 둔)에 비해 권력을 차지할 만한 인물로 보이지 않았다. 그 덕분에 카이사르의 적들은 옥타비아누스를 별다른 위협 세력으로 여기지 않았다.

하지만 옥타비아누스는 권력을 차지하는 데 뛰어난 자질을 보였다. 그는 카이사르의 충성스런 병사들을 규합해 자기 휘하의 군대를 만들었으며, 기원전 42년에는 카이사르의 적을 소탕한 뒤 안토니우스, 클레오파트라와 대결하는 한편, 원로원과 원만한 관계를 유지해 권력을 합법화했다. 그는 로마의 전통에 위배되는 명예는 교묘히 거부하고 대신 그럴 듯한 주장으로 실권만 취했다. 이후 20년간 차근차근 준비해 사실상 로마의 첫 번째 황제로 등극한 그는 아우구스투스라는 칭호를 얻었고 40년 이상 제국을 다스렸다.

가렛 페이건 Garrett G. Fagan 교수는 솜씨 있게 로마의 황제로 등극한 아우구스투스를 역사상 가장 수완이 좋은 정치가로 평가한다. 아우구스투스는 로마를 통합하고 내전을 종식시켜 평화로운 제국을 건설했다.[73] 또한 정부 시스템을 재설계해 제국을 확장하는 동시에 로마를 번영시켰다. 비교적 검소한 집에 살면서 과시하기를 피했고 정치적 책략에서 뛰어난 천재성을 발휘했으며, 공식적인 법률과 군대의 힘을 동원하기보다 '제안'을 통해 대부분의 목적을 달성했다.

하지만 아우구스투스는 이후 수세기 동안 로마제국을 괴롭힌 만성적인 문제를 해결하지는 못했다. 바로 승계의 문제다. 아우구스투스 이후 로마제국은 능력 있는 지도자와 폭군, 심지어 칼리굴라나 네로 같은 반미치광이 독재자를 번갈아 황제로 두어야 했다. 물론 로마제국의 몰락 원인이 권력 승계 문제에 국한된 것은 아니지만, 뛰어난 리더십이 발휘될 수 있는 효과적인 권력 이양 메커니즘을 만들지 못한 것은 사실이다.

> 승계 문제를 제대로 해결하지 못하는 리더는 기업을 몰락으로 이끈다. 너무 오래 시간을 지체하는 경우도 있고 아예 문제를 해결하지 못하는 경우도 있으며, 운이 좋지 않아 후임자로 선정된 사람이 회사를 떠나거나 죽는 경우도 있다. 심지어 특정인을 실패로 몰아넣기 위해 비적임자인데도 일부러 후임자로 선정하는 경우도 있고 단순히 잘못된 선택을 하는 경우도 있다. 하지만 언제, 어떤 이유로 그런 일이 발생하더라도 위대함을 유지하기 위해 무엇을 해야 하는지(그리고 무엇을 하지 말아야 하는지) 이해하지 못하거나, 그럴 의지가 없는 리더의 손에 권력이 돌아가는 것은 몰락의 가장 확실한 징조다.

우리가 분석한 기업들은 한 곳만 제외하고 모두 2단계의 끝에서 권력 승계 문제의 징조를 보였다. 이들은 다음의 징조를 적어도 하나 이상 드러냈다.

- 권력을 쥔 리더가 강한 후계자를 내쫓거나 능력 있는 후계자를 키우는 데 실패해 자신이 떠났을 때 권력의 공백을 초래함.
- 능력 있는 경영자가 죽거나 갑자기 떠나는 바람에 훌륭한 대체 인물이 순조롭게 역할을 이어받지 못함.
- 능력 있는 후계자 후보가 CEO가 될 기회를 얻지 못함.
- 능력 있는 후계자 후보가 예기치 않게 회사를 떠남.
- 이사회가 후계자를 선정하는 과정에서 네 편, 내 편으로 나뉘어 심각하게 분열됨.
- 경영진이 가능한 오래 남아 있으면서 너무 늦게 권력을 이양함.
- 가족이 경영에 참여하는 군주형 기업은 누가 가장 적임자인가보다 가족 구성원을 후임 경영자로 선호함.
- 이사회가 기업의 핵심 가치와 맞지 않는 외부 인사를 영입하고 그는 다시 면역체계의 공격을 받는 외부의 바이러스처럼 방출됨.
- CEO를 제대로 선출하는 데 항상 실패함.

우리가 조사한 바에 따르면 2단계의 지나친 욕심은 흔히 전설적인 리더가 물러난 다음에 증가하는 경향을 보였다. 저명한 경영자로부터 권력을 이어받은 사람은 전임자보다 과감하고 비전있으며 공격적으로 행동해야 한다는 기대, 혹은 월스트리트의 비이성적인 무언의 압력을 받아 더욱 과도하게 행동한다. 때로는 유명한 경영자가 자신의 위상을 더욱 높이고 싶은 잠재의식(혹은 의식적으로)에 따라 덜 유능한 후계자를 뽑기도 한다. 그러나 눈에 보이지 않는 역학관계가 어떻든 기업이 지나친 욕심을 내는 2단계에 들어서고 권력 승계를 엉망으로 하면 3단계와 그 이상의 몰락의 단계로 급속히 진행된다.

수년간 연구 조사를 주도해온 나는 복잡한 조직이 위대함을 달성하는 일은 한 개인의 노력만으로는 불충분하다는 증거를 보며, 최고경영자의 리더십이 절대적인 것은 아니라고 생각했다. 우리가 연구한 훌륭한 리더들은 신기하게도 자신의 역할을 그리 중요하게 여기지 않았다. 그들은 기업의 핵심 가치를 바탕으로 경영진을 구성하고 영웅적인 리더 한 사람에게 의지하지 않는 문화를 만들어야 한다고 강조했다.

하지만 몰락하는 경우에는 얘기가 다르다. 이때는 강력한 개인의 역할이 무척 중요하다. 결국 나는 한 개인의 리더십의 영향력에 대해서는 회의적이지만 다음과 같은 결론에 도달하지 않을 수 없었다.

"한 개인이 지속가능한 위대한 기업을 만들 수는 없다. 그러나 그 반대의 경우 권력을 쥔 잘못된 리더 한 사람이 기업을 몰락으로 이끌 수 있다. 그만큼 적임자를 잘 뽑는 일이 중요하다."

2단계의 징조

지속 불가능한 성장 추구, 규모 확대와 위대함을 혼동 ㅣ 과거의 성공이 더 많은 성장을 기대하는 압력으로 작용해 기대 상승의 악순환 유발. 이는 사람, 문화, 시스템을 한계점까지 위축시킴. 이로 인해 조직이 탁월하게 전술을 발휘하지 못하고 위기에 몰림.

원칙 없이 비지속적으로 새로운 도약 기회 추구 ㅣ 다음 세 가지 질문 중 적어도 하나에 답하지 못하면서 많은 변화를 수반하는 행동을 시작한다. 기업의 핵심 가치에 어울리며 열정을 불러일으키는가? 그 분야나 활동에서 세계 최고가 될 수 있는가? 그러한 활동이 기업의 보유 자원을 늘리거나 경제적으로 도움이 되는가?

핵심 요직에 적임자가 배치된 비율 하락 ㅣ 인재를 잃거나 조직 능력(탁월한 지위를 유지하며 성장을 계속할 수 있는 인재 확보 능력)을 넘어서는 성장으로 인해 핵심 요직에 적임자가 배치된 비율이 하락한다.

취약해진 현금 흐름이 원칙을 해침 ㅣ 늘어나는 비용에 자기 원칙을 강화하기보다 가격 인상이나 매출 증대로 대응한다.

관료주의가 자기 원칙을 해침 ㅣ 관료주의적 규칙 시스템이 자기 원칙 문화에서 나타나는 자유와 책임의 미덕을 해친다. 사람들이 점점 자신의 업무를 '책임'이 아닌 '일'로 생각한다.

원만하지 못한 권력 이양 ㅣ 권력 이양 계획 부실, 내부에서 훌륭한 리더를 양성하지 못함, 정치적 혼란, 불운 그리고 후계자를 현명하게 선택하지 못해 권력 이양에 어려움을 겪는다.

3단계 **위험과 위기 가능성을 부정하는 단계**

HOW THE MIGHTY FALL

▶ 몰락의 3단계 ◀

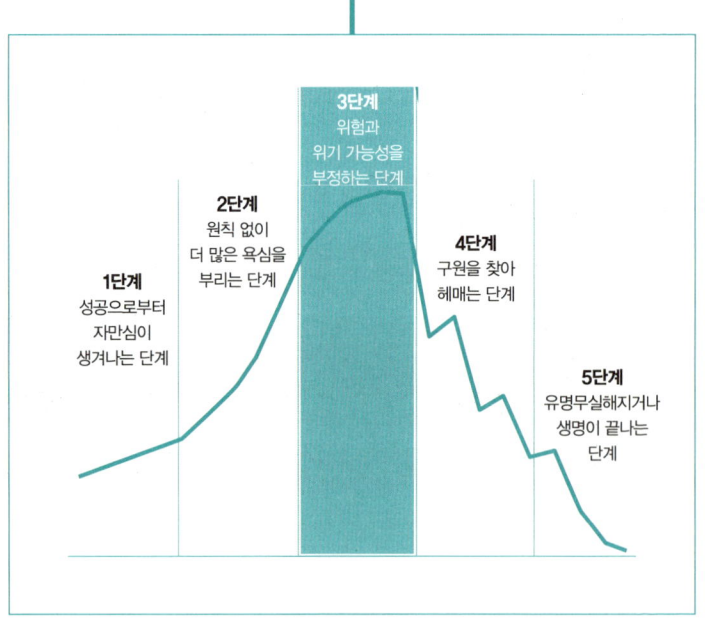

1985년, 모토로라의 한 엔지니어가 바하마에서 휴가를 보내고 있었다. 그의 아내는 이제 막 보급된 휴대전화로 고객과 연락을 취하려 했지만 허사였다. 그때 아이디어가 떠올랐다. 위성을 통해 지구상의 어떤 곳에 있는 사람과도 통화할 수 있는 통화망을 만들면 어떨까? 1996년에 뉴질랜드 산악인 롭 홀Rob Hall은 해발 8,500미터의 차가운 에베레스트 산 속에서 죽어가며 마지막으로 수천 킬로미터 떨어져 있는 아내와 작별인사를 하려고 고군분투했다.

"잘 자, 사랑하는 당신. 너무 걱정하지 마."

감동적인 그들의 마지막 대화는 전 세계인의 눈시울을 적셨다. 위성전화가 없었다면 홀은 평생 함께한 반려자와 마지막 대화를 나눌 수 없었을 것이다. 모토로라는 세계 어느 곳에서도 전화 연결을 가능하게 만들겠다는 취지의 '이리듐Iriduim' 프로젝트를 단행했다.[74]

모토로라의 2세대 CEO 로버트 갤빈은 새로운 사업을 대규모로 이리저리 시도해보는 일은 삼갔다. 대신 경험적으로 확인된 새로운 일을 작은 규모부터 차근차근 시도하다가 크게 만들어 예전의 것을 서서히 대체하는 지속적인 개혁 사이클을 견지했다. 갤빈은 이리듐 역시 작게 시도해 만약 성공하면 큰 사업으로 바꿔나갈 생각이었다.

1980년대 말, 그는 저궤도 위성 시스템 초기 모델을 만들기 위한 투자 종잣돈을 마련했다. 1991년 모토로라는 이리듐 프로젝트를 시작하기 위해 모토로라가 최대주주인 별도의 회사를 만들고 계획을 발전시키면서 투자를 지속해나갔다. 1996년 이 벤처 사업에 5억 3,700만 달러를 투자했고 7억 5,000만 달러의 채무보증을 섰다. 이 둘의 합계는 모토로라의 1996년 전체 수익을 넘어서는 액수였다.[75]

《기업의 실수에서 배우는 교훈: 이리듐의 부흥과 몰락 Learning from Corporate Mistakes: The Rise and Fall of Iridium》의 저자 시드니 핀켈스타인 Sydney Finkelstein과 셰이드 샌포드 Shade H. Sanford는 이리듐에 대한 중요한 판단 시점은 그 계획이 시작된 1980년대가 아니라 1996년이었다고 말한다.[76] 1996년 당시의 기술 발전 양상을 고려해 이리듐을 중단했다면 비교적 적은 손실로 마무리되었을 것이다. 그러나 이후 이리듐은 본격적인 시작 단계로 접어들었다. 66개의 위성을 쏘아올리고 사업을 진전시키려면 그때까지 개발에 투입된 것보다 훨씬 많은 투자가 필요했다.

그러나 종잣돈을 투자한 뒤 갤빈이 자리에서 물러난 1996년까지 이리듐 사업의 매력은 점점 떨어졌다. 지구촌 곳곳에서 기존의 휴대전화 서비스가 확대되면서 이리듐만의 고유 가치는 퇴색되었다. 만약 모토로라 엔지니어의 아내가 1996년에 휴가지에서 고객과의 통화를 시도했다면 아마도 좋은 품질의 통화가 연결되었을 것이다.

더구나 이리듐 전화에는 치명적인 단점이 있었다. 전화 단말기가 거의 벽돌 크기인데다, 위성과 직접 교신할 수 있는 야외에서만 통화가 가능했기 때문에 기존 휴대전화보다 유용성이 떨어지는 것으로 드러났다. 해외 출장을 가면서 벽돌만 한 전화기를 힘들게 들고 가거나 비싼 전화를 걸기 위해 친히 빌딩 밖으로 나올 사람이 얼마나 되겠는가? 택시 운전기사에게 사무실에 통화를 해야 하니 잠깐 길가에 차를 세워달라고 말해야 한다면 어떻겠는가?

이리듐은 단말기 가격만 3,000달러에 통화료는 분당 3달러에서 7달러였던 반면, 일반 휴대전화 요금은 갈수록 떨어졌다. 물론 오지에 있는 사람들은 이리듐의 혜택을 보겠지만, 그 정도 수요를 기대하고 이리듐 개발에 뛰어든 것은 아니었다. 남극이나 에베레스트 산 정상에서 집에 전화를 걸 사람은 그리 많지 않으니 말이다.[77]

1985년에 모토로라 엔지니어가 휴가지에서 이리듐에 대한 아이디어를 떠올렸을 때만 해도 휴대전화 서비스 망이 지구촌 대부분을 커버하게 되리라고 예측한 사람은 거의 없었다. 하지만 1996년에는 이리듐의 대규모 추진에 반하는 실증적인 증거가 쏟아져 나왔다.

한편 그 사이 모토로라의 수익이 50억 달러에서 270억 달러로 5배 이상 크게 늘어났다. 그러자 5년마다 규모를 2배로 늘리겠다는, 즉 몰락의 2단계에서 흔히 나타나는 식의 선언(로버트 갤빈이 은퇴한 뒤 설정된 목표)이 등장했다.[78] 이리듐이 공전의 히트를 기록하기를 원한 모토로라는 1997년 연례보고서에서 이렇게 자랑했다.

"모토로라는 글로벌 개인 커뮤니케이션 시스템인 이리듐 개발을 통해 새로운 산업을 창출했다."[79]

회의적인 증거가 뚜렷했는데도 이리듐은 1998년 고객서비스를 시작했다. 그러나 바로 다음해에 이들은 15억 달러의 채무를 갚지 못해 파산 신청을 했다.[80] 1999년에 모토로라는 20억 달러가 넘는 적자를 기록했는데 그중 상당 부분이 이리듐 프로젝트와 관련되어 있었고, 그 때문에 몰락의 4단계로 빠르게 진행되고 말았다.[81]

증거를 확인한 뒤 큰 투자를 단행한 사례

기업이 몰락의 3단계로 접어들 무렵에는 앞 단계의 누적된 효과를 관찰할 수 있다. 1단계에서 비롯된 자만심은 2단계의 섣부른 욕심으로 이어지고 이는 다시 3단계의 위험과 위기의 부정으로 이어진다. 이리듐에서 일어난 일이 바로 그랬다. 그러면 반대로 텍사스인스트루먼트TI가 점진적으로 디지털 신호 프로세싱 DSP, digital-signal processing 분야의 선두기업으로 진화한 사례를 살펴보자.

1970년대 말, TI 엔지니어들은 어린이들의 철자 익히는 과정을 돕는 근사한 아이디어를 생각해냈다. 장난감이 단어를 말하면 어린이가 그 단어를 키패드에 타이핑하도록 고안된 것으로,

DSP 기술을 이용한 첫 번째 소비재 상품이었다. DSP 칩은 목소리, 음악, 비디오 같은 아날로그 데이터 덩어리를 쪼갠 뒤 디지털 신호로 재조합했다.

1979년, TI는 15만 달러라는 소소한 금액(1979년 매출의 1만 분의 1)을 DSP에 추가 투자했고, 1986년까지 DSP 칩으로만 600만 달러의 매출을 올렸다. 물론 회사의 본격적인 투자를 정당화하기엔 충분치 않았지만 DSP 개발을 계속 지원할 만한 증거로는 충분했다. 곧이어 TI 고객들이 DSP의 새로운 용도, 예를 들면 모뎀, 음성변환, 통신 등을 발견하면서 TI는 별도 DSP사업부를 만들었다.[82] 1993년에는 노키아에 디지털 휴대전화용 DSP 칩을 공급하기로 계약을 맺었고, 1997년에는 2,200만 대 이상의 전화기에 DSP 칩이 장착되었다.

그때 TI는 DSP 분야의 인텔이 되겠다는 과감한 목표를 설정했다. TI의 CEO 톰 엔지버스는 자신의 드높은 포부를 당당하게 밝혔다.

"사람들이 마이크로프로세서 하면 자동적으로 인텔을 떠올리듯이, DSP 하면 텍사스인스트루먼트를 떠올릴 수 있도록 만들 것입니다."[83]

그는 DSP 사업에 더욱 집중하기 위해 TI의 방위 사업과 메모리 칩 사업 분야를 과감하게 매각했다. 2004년이 되자 TI는 80억 달러 규모로 빠르게 성장한 DSP 시장의 절반을 차지할 수 있었다.[84] 사실 TI는 타이핑 장난감을 개발하던 1978년만 해도 투자를 크게 하는 편은 아니었다. 1986년에 DSP 매출이 600만 달러였을 때도 눈에 띄게 큰 투자는 없었다. 엔지버스는 분명 크고 원대한 목표를 세웠지만 자만심이나 위험을 부정하는 태도는 보이지 않았다. 그러다가 20년에 걸쳐 실증적인 증거가 속속 드러나자 그제야 그는 입증된 성공의 확고한 기반 위에 목표를 설정했다.

> 핵심은 모토로라의 이리듐 개발이 실수였다거나 TI가 DSP개발에 관해 통찰력이 있었다는 것이 아니다. 어떤 새로운 아이디어가 성공할 것인지 미리 알 방법이 있다면 그 사업에만 투자하면 된다. 그러나 그것은 현실적으로 불가능한 일이다. 위대한 기업들이 이런저런 일에 작은 투자를 시도하는 것도 그런 이유 때문이다. 이리듐이나 DSP 모두 처음에는 현명하게도 소규모로 시험하고 발전시켜 나갔다. 하지만 TI는 모토로라와 달리 실증적인 증거들이 쌓이고 난 이후에야 큰 투자를 단행했다. 과감한 목표는 진보를 자극하지만, 실증적인 확인 없이 큰 베팅을 하거나 수많은 증거가 있는데도 이를 무시하고 행동하면 운이 좋지 않은 이상 몰락의 길을 걷게 된다. 물론 요행을 바라는 것은 올바른 전략이 아니다.

어쩌면 당신은 이렇게 생각할지도 모른다.
'좋아, 그렇다면 증거들을 무시하지만 않는다면(부정적인 증거

가 확실해졌을 때 이리듐 사업에 착수하지 않았어야 했던 것처럼) 3단계로의 몰락은 피할 수 있겠군.'

안타깝게도 인생이 항상 사실들을 명확하게 보여주는 것은 아니다. 상황은 늘 혼란스럽고 불투명하며 대개는 어떻게 해석하는가에 따라 달라진다. 사실 커다란 위험은 확실하고 부정할 수 없는 사실을 무시했기 때문이라기보다 모호한 데이터를 잘못 해석한 탓에 더 많이 겪게 된다. 따라서 심각하거나 재앙을 초래할 수 있는 결과에 직면했을 때, 그 모호한 상황이 여러분에게 불리하게 진행될지 아닐지 잘 해석해야 한다. 이와 관련해 널리 알려진 비극적인 사례를 살펴보자.

수면 아래의 위험 감수

1986년 1월 27일 오후, NASA(미국 항공우주국)의 한 관리자는 NASA에 로켓 모터를 공급하는 협력업체 모턴티오콜 Morton Thiokol 사의 엔지니어들과 접촉했다. 다음날 우주왕복선 챌린저호가 발사될 플로리다 주 케네디 우주센터의 이른 아침 기온이 화씨 30도(섭씨 영하 1도) 미만에 머물 것이라는 기상예보 때문이었다. NASA 관리자는 모턴티오콜 엔지니어들에게 추운 날씨가 고체 로켓 모터에 미칠 영향을 알려달라고 요구했으며, 엔지니어들은 오-링 O-ring 이라고 불리는 특수한 부품에 관해 논의하기 위해 서둘러 모였다. 로켓 연료가 점화될 때 고무 같은 재질의 오-링들은 뜨거운 가스를 견디며 이음새 부분을 밀봉하는 역할(유리창을 고정시키는 실리콘 접합제처럼)을 하는데, 만약 이것에 결함이 생기면 끔찍한 폭발을 일으킬 수 있다.

앞서 우주왕복선을 스물네 번 발사하는 동안 가장 기온이 낮은 날의 온도는 화씨 53도(섭씨 12도)였다. 이는 발사 예정 날의 예상 기온보다 20도 이상 높은 것이었던 터라 엔지니어들은 화씨 25도나 30도에서 어떤 일이 일어날지 단언할 수 있는 데이터를 확보하지 못했다. 단지 추운 기온에서 오-링이 딱딱해져 밀봉 기능을 발휘하는 데 시간이 좀 더 걸릴 것이라고 추측할(냉장고에서 언 고무줄이 딱딱해져 방 안에 있던 고무줄만큼 늘어나지 않는 것과 마찬가지다) 만한 일부 데이터를 가지고 있을 뿐이었다. NASA와 모턴티오콜의 엔지니어들은 이런 상황에 대해 우려 깊게 논의했으며, 동부 시각 오후 8시 15분에 서른네 명의 양쪽 엔지니어가 원격회의를 하기로 했다.[85]

1시간 정도 사전회의를 거친 모턴티오콜은 원격회의에서 화씨 53도 이하에서는 발사를 권하지 않는다는 공학적 결론을 제시했다. 그러자 NASA의 엔지니어들은 그 데이터가 상충적이며 단정적으로 말할 수 있는 것이 아니라고 지적했다. 실제로 그 데이터는 60도 이하에서 발사될 때 오-링이 손상된다는 것을 확실히 보여주었지만, 동시에 75도에서 발사될 때도 손상이 일어나는 것으로 나타났다. NASA의 엔지니어가 말했다.

"제시된 데이터에 상충되는 것이 많습니다. 나는 그 자료들을 확신할 수 없습니다."

특히 모턴티오콜이 앞서 있던 발사 때 화씨 53도보다 낮은 온도를 기준으로 제시했었던(20도대와는 분명 차이가 있지만 당시 제시한 화씨 53도보다는 낮은) 까닭에 현재의 권고 기준과 차이를 보여 더욱 혼란을 불러일으켰다. 그리고 만약 첫 번째 오-링이 실패할지라도 여분의 두 번째 오링이 준비되어 있었다.

사회학자 다이언 본Diane Vaughan은 《챌린저호의 발사 결정The Challenger Launch Decision》에서 NASA의 관리자들이 확실한 데이터를 무시하고 안전하지 못한 발사를 추진했다는 세간의 추측을 뒤집었다. 실제로 발사 전날 저녁의 대화에서 혼란에 빠진 참석자들은 확실한 견해를 내지 못했다. 회의 중에 NASA의 한 관리자는 이렇게 내뱉었다.

"맙소사, 티오콜 양반들. 그래서 대체 언제 발사하라는 거요? 4월쯤에?"

그렇지만 그날 저녁 회의에서 NASA의 관리자들 역시 발사를 꺼리는 말을 하고 있었다. NASA의 한 고위 엔지니어는 실수를 원치 않는다고 말했다.

"나는 협력업체의 권고에 반해 발사하는 것에는 찬성하지 않습니다."

이런 고심 어린 회의는 3시간 가까이 계속되었다. 만약 데이터가 확실했다면 3시간이나 토론할 필요가 있었을까? 데이터 분석에 뛰어난 에드워드 터프트Edward Tufte는 자신의 책《시각적 설명 Visual Explanations》에서 만약 엔지니어들이 데이터를 설득력 있는 그래픽으로 구성해보았다면 화씨 66도 이하에서 발사된 모든 경우에서 오-링이 손상된 증거들이 드러나는 확실한 추세 곡선을 보았을 것이라고 말했다. 하지만 시각적인 방법으로 분명하게 데이터를 그려낸 사람이 없었기에 온도가 내려갈수록 위험이 증가되는 추세는 밤늦은 원격회의에서 확신하기 어려운 모호한 사실로 남게 되었다. 오-링 테스크포스 책임자는 회의를 마무리하며 말했다.

"우리에겐 뭔가를 확신할 수 있는 결정적인 데이터가 충분치 않습니다."

정확히 무엇을 확신할 수 없다는 말인가? 이것이 이 문제에서 가장 중요한 부분이다. 어찌된 일인지 이 모든 논의에서 판단의 틀이 180도 바뀌었다. 전통적으로 발사 결정을 판단하는 '발사가 안전한지 증명할 수 있는가'란 질문의 틀이 '발사가 안전하지 못하다는 걸 증명할 수 있는가'로 확연히 뒤바뀌고 말았다. 만약 이렇게 중요한 변화가 발생하지 않았거나 데이터가 확실했다면, 챌린저는 다음 발사 예정일까지 발사대에 그대로 남아 있었을 것이다.

결국 재난이 발생할 경우의 단점이 몇 시간 지연될 경우의 단점에 가려 그처럼 위험의 불균형을 초래하는 논의가 지속된 셈이다. 당신이 경력 관리를 중요하게 여기는 NASA 관리자라면 재난으로 끝날 것이 뻔한 상황에서 발사 결정을 밀고 나가겠는가? 이성적인 사람이라면 그렇게 하지 않을 것이다. 하지만 안타깝게도 모호한 데이터는 판단 기준까지 바꿔 놓았다. 발사가 안전하지 않다는 것을 증명할 수 있느냐는 비합리적인 물음에 답할 수 없었던 모턴티오콜은 자정 직전에 입장을 바꿔 NASA에 발사 동의 확인서를 보냈다.

다음날 아침 11시 38분, 화씨 36도(섭씨 2.2도)의 날씨에 오-링은 제 역할을 하는 데 실패했고 챌린저호는 발사 73초 만에 폭발하고 말았다. 일곱 명의 탑승자는 모두 14킬로미터 밖의 바다에 떨어진 잔해들과 함께 사라졌다.

챌린저호의 이야기는 중요한 교훈을 알려준다. 예상이 빗나가면 돌이킬 수 없는 중대하고 심각한 결과를 초래하는 결정(이것을 '발사 결정'이라고 부르자)에 직면했을 때, 발사할 경우 안전하다는 실증적 증거가 많이 있어야 한다. 안전하지 않다는 증거가 아니라 안전하다는 증거에 초점을 맞추었다면(발사가 안전하다는 것을 증명할 수 있느냐는 합리적인 질문에 답할 수 없다면 연기한다) 챌린저호의 참사는 막을 수 있었을 것이다.

고어앤드어소시에이츠Gore & Associates의 설립자 빌 고어는 의사결정과 위험 감수에 도움이 되는 '흘수선waterline 법칙'을 고안해냈다. 당신이 배에 타고 있는데 잘못된 결정으로 배의 옆면에 구멍이 났다고 가정해보자. 만약 흘수선(배가 물 위에 떠 있을 때 배와 수면이 접하는 선) 위에 구멍이 났다면 구멍을 메우면서 실수를 통해 경험을 쌓으며 계속 항해할 수 있다. 그러나 흘수선 밑에 구멍이 나면 물이 거침없이 배로 밀려들어와 바다 밑으로 가라앉게 된다.[86] 만약 구멍이 너무 크다면 2008년 금융위기 때 무너진 금융회사들처럼 순식간에 가라앉을 것이다.

위대한 기업들도 큰 도박에 뛰어들긴 하지만 흘수선 밑에 구멍을 낼 정도로 커다란 도박은 피한다. 모호하고 상충되는 데이터 앞에서 위험한 도박을 하거나 결정을 내려야 한다면 다음의 세 가지 질문을 해보기 바란다.

1. 만약 좋은 결과를 얻는다면 좋은 점은 무엇인가?
2. 만약 나쁜 결과를 얻는다면 나쁜 점은 무엇인가?
3. 부정적인 결과를 얻더라도 견뎌낼 수 있는가?

폭풍이 몰려올 듯한 바람을 맞으며 절벽 옆에 서 있다고 가정해보자. 폭풍이 얼마나 심할지 혹은 천둥번개가 동반될지 확실히 알 수 없다. 이제 당신은 결정을 내려야 한다. 올라갈 것인가, 내려갈 것인가? 콜로라도 주 엘도라도 계곡에서 등반가 두 사람이 네이키드에지 Naked Edge 라는 유명한 암반 구역을 앞에 두고 이런 결정을 하게 되었다. 콜로라도의 여름 폭풍이 멀리서 소용돌이 치고 있었고 이들은 계획했던 등반을 계속할지 말지 결정해야 했다.

이제 세 가지 질문을 생각해보자. 만약 폭풍우가 별일 없이 지나쳐갈 경우 좋은 점은 무엇인가? 이들은 계획했던 그날의 등반을 마무리할 수 있다. 만약 폭풍우가 거세게 몰아치는 와중에 높은 산 정상에 머물 때 번개가 빗발친다면 나쁜 점은 무엇인가? 죽을 수도 있다.

두 사람은 계속 오르기로 했다. 그들은 폭풍이 계곡으로 돌진해오는 가운데 절벽 위의 노출된 산봉우리에 머물게 되었다. 그 순간 하늘이 번쩍하더니 밧줄이 펑 하고 귓전을 울리며 스쳐갔다. 그런 다음 쌍! 하는 굉음과 함께 금속제 기어에 매달려 있던 위쪽 등반가에게 번개가 내리쳤다. 그는 그 자리에서 즉사하고 말았다.[87]

물론 이런 판단을 내릴 때는 개연성이 중요하다. 만약 일이 엉망으로 빗나갈 확률이 제로 또는 작고 안정적이라면 개연성이 높거나 확률이 점점 증가하는 경우, 혹은 불안정하거나 매우 모호한 경우와 다르게 판단한다(그렇지 않다면 우리는 여객기 탑승이나 암벽 등반은 하지 않을 것이다). 네이키드에지에 오른 등반가들은 좋은 결과로 인한 좋은 점은 작은 대신 나쁜 결과로 인한 나쁜 점은 매우 클 수 있는 비대칭-리스크 시나리오 속에서 위험한 폭풍우가 닥칠 확률이 커지는 상황을 지켜보면서도 계속 암벽에 올랐다.

2008년의 금융위기는 이러한 질문을 제대로 관리하지 못할 경우 기업이 파괴될 수 있음을 잘 보여주고 있다. 주택시장 거품이 늘어나면서 부동산 붕괴 가능성도 커졌다. 레버리지가 급격히 높아지고(어떤 경우에는 30 대 1, 혹은 그 이상) 모기지 파생 증권에 대한 노출이 늘어날 경우 긍정적인 면은 무엇인가? 만약 날씨가 화창하고 고요하다면 더 많은 수익을 올릴 수 있다. 반대로 주택시장 전체가 붕괴하고 역사상 매우 위험한 신용위기 중 하나를 겪게 된다면 부정적인 면은 무엇인가? 메릴린치는 뱅크오브아메리카에 매각되었다. 패니메이는 국유화되었다. 베어스턴스는 심하게 흔들리다가 인수 과정에서 사라졌다. 리먼브러더스는 파산하면서 금융시장을 유동성 위기로 몰아넣고 경기를 얼어붙게 만들었다.

위험을 부정하는 문화

물론 몰락하는 모든 기업이 이리듐 같은 큰 의사결정의 오류나 위험한 날씨에도 정상에 오르려는 암벽 등반가 같은 치명적인 판단을 수반하는 것은 아니다. 기업은 점점 약해지면서 몰락의 3단계로 더 깊이 떨어질 수 있다. 그리고 그 과정에서 경고 신호가 누적되기 시작한다. 고객 충성도 하락, 재고회전율 악화, 수익성 하락, 가격경쟁력 상실, 그밖에 별 볼일 없는 기업들에게서 흔히 볼 수 있는 징후들이 나타난다.

그렇다면 어떤 지표를 가장 면밀히 살펴봐야 할까? 매출 총이익이나 유동성 비율 혹은 부채 비율을 다가오는 폭풍으로 보고 주의를 기울여야 한다. 우리가 재무 분석을 해본 결과 몰락한 11개 기업은 모두 4단계로 진행해나갈 때 이 세 가지 지수

중 적어도 한 가지에서 부정적인 추세를 보였다. 반면 심각한 경영상의 우려를 보이는 증거들은 거의 발견하지 못했다. 고객 충성도와 이해 당사자와의 관계도 주의해서 살펴야 한다. 그리고 2단계에서 말했듯 요직에 적임자를 배치한 비율이 줄어들고 있지 않은지 주의를 기울여야 한다.

기업이 3단계로 더욱 깊이 돌진할 경우 내부를 구성하고 있는 팀들의 행동이 위대한 기업을 만들어갈 때 발견했던 것과 전혀 다르게 변질될 수 있다. 다음 페이지에 실린 표는 발전하는 팀과 몰락하는 팀의 리더십과 그 역학관계를 비교한 것이다.

3단계 후반에서 흔히 나타나는 특징 중 하나는 기업이 곤란한 처지에 빠질 수 있는 현실에 직면했을 때, 실권자들이 정면으로 맞서기보다 다른 사람 혹은 외부 요인을 탓하거나 심각한 현실을 제대로 설명하지 않는다는 것이다.

IBM은 1980년대 후반과 1990년대 초에 메인프레임 컴퓨터 사업이 분산 처리 시스템의 맹공격을 받으면서 몰락의 위기를 겪기 시작했다. 이 충격적인 트렌드를 고위 경영자에게 보고한 IBM의 한 관리자는 보고서를 본 리더가 "이 자료는 뭔가 잘못되었을 거야"라며 무시하는 모습을 보고 한탄했다. IBM이 몰락할 것을 직감한 그 젊은 관리자는 후에 자기 사업을 위해 IBM을 떠나며 이렇게 말했다.

"이처럼 위기를 부정하는 풍토에서 일하는 것보다 새로 사업을 시작하는 편이 덜 위험하다."

몰락하는 팀과 발전하는 팀 비교 : 리더십과 팀 내 역학관계

몰락하는 팀	발전하는 팀
사람들이 비난이나 문책을 받을까 봐 좋지 않은 사실을 상부에 숨긴다.	사람들이 유쾌하지 못한 사실들을 토론의 장에서 꺼내놓는다. 리더들은 어려운 현실을 드러내는 사람들을 비난하지 않는다.
사람들이 믿을 만한 데이터나 증거 없이 자기 의견을 강력히 주장한다.	사람들이 데이터, 증거, 논리, 근거를 갖고 토론에 임한다.
팀 리더가 팀원들에게 묻고 대답하는 비율이 줄어든다. 비판적인 주장은 회피하고 엉성한 추론과 근거가 부족한 주장을 수용한다.	팀 리더가 소크라테스처럼 수준 높은 질문을 하고 답하는 비율이 높다. 상황을 꿰뚫어볼 수 있도록 사람들을 독려한다.
결정이 내려진 후에도 팀원들이 이를 성공시키기 위해 노력하지 않으며 심지어 사실과 달리 그 판단을 깎아내린다.	결정을 내리기 전에 심하게 이견을 보였더라도 결정이 내려지면 마음을 모으고 그 판단이 성공하도록 노력한다.
팀원들이 동료들을 신뢰하고 칭찬하는 대신 자화자찬을 늘어놓는다.	팀원들이 동료의 성공을 신뢰하고 자랑스러워하는 등 남을 칭찬한다.
팀원들이 팀 전체를 위한 최선의 해결책을 찾기 위해서가 아니라 자신의 이익을 챙기기 위해 주장을 펼치고 논쟁한다.	팀원들이 개인적 위치가 아니라 팀 전체를 잘되게 만들기 위한 최선의 해결책을 찾고자 주장을 펼치고 논의한다.
팀이 지혜를 얻기 위해서가 아니라 실패의 장본인을 찾기 위해 서로를 비난하며 실수를 되짚어본다.	팀이 뼈아픈 경험에서 지혜를 얻기 위해 서로에 대한 비판 없이 실수를 분석한다.
팀원들이 뛰어난 성과를 올리지 못하는 경우가 많으며 저조한 성과, 실수, 실패에 대한 책임을 다른 사람이나 외부 요인에 돌린다.	팀원들이 모두 뛰어난 성과를 올린다. 성과가 줄어들면 전적으로 책임을 수용하고 실수에서 배운다.

    IBM은 조직을 개편하고 재정비했지만 곧 멸종될 공룡으로 비유되던 1992년까지 몰락을 거듭하면서도 훌륭했던 지위가 점점 퇴색되는 것에 제대로 대처하지 못했다. IBM을 극적으로 회생

시킨 루이스 거스너Louis Gerstner(다음 장에서 자세히 살펴볼 것이다)는 부임 초기에 직원들을 독려하며 IBM의 어려운 현실에 정면으로 대응했다.

"12만 5,000명의 IBM 식구가 회사를 떠났습니다. …… 누가 그렇게 만들었습니까? 신이 그렇게 하셨나요? 바로 우리 모두의 잘못입니다."[88]

이번 분석에서 우리는 몰락한 11개 기업 가운데 7개 회사가 몰락하는 동안 외부 요인을 탓하는 증거들을 발견했다. 제니스가 수세에 몰리던 1970년대 중반, 이 회사의 CEO는 외부 요인들을 줄줄이 열거했다.

"중동 사람들이 유가를 그렇게 올릴 줄 누가 알았겠습니까? 워터게이트 사건이 터지리라고 누가 알았겠습니까? 살인적인 인플레이션이 올 줄 누가 알았겠습니까? …… 더구나 우리는 파업의 홍역도 겪었습니다."[89]

또한 제니스는 일본인이 불공정 경쟁으로 시장과 수익을 잠식한다고 비난했다. 설사 일본인이 불공정하게 경쟁했을지라도(법무부는 제니스의 소청을 거부했다) 일본인에 대한 제니스의 대응은 같은 기간 미국 자동차 업계를 대할 때와 흡사했다. 이들은 일본인이 비용을 절감하고 품질을 높인 사실에 정면으로 대응하지 못했다. 얼마 지나지 않아 제니스는 4단계로 떨어졌다.

위기의 원인을 부정하는 마지막 징조 중 하나는 구조조정에 몰두하는 행태다. 1961년까지만 해도 스콧페이퍼는 냅킨, 타월,

화장지 등 종이 기반의 소비재 제품 시장을 주도하는 성공적인 기업이었다. 이후 P&G가 스콧페이퍼의 사업 영역에 뛰어들었고 킴벌리클락Kimberly-Clark과 조지아퍼시픽Georgia Pacific 등이 계속해서 시장을 잠식했다. P&G는 바운티 종이타월로 고급시장을 공략했고, 그 밑의 시장은 다른 개별 브랜드로 파고들었다.

1960년부터 1971년 사이에 스콧페이퍼의 종이 기반 소비재 시장점유율은 50퍼센트에서 30퍼센트대로 떨어졌다.[90] 1971년에는 P&G가 화장실용 휴지 '차민Chamin'을 전국적으로 출시하면서 스콧페이퍼의 가장 중요한 제품라인 중 하나를 정면으로 공격했다. 이때 스콧페이퍼는 어떻게 대응했을까? 그들은 구조조정을 단행했다.[91]

스콧페이퍼는 마케팅 및 리서치 분야를 구조조정했지만, 5년간 차민에 효과적으로 대응하는 데 실패했다.[92] 무려 5년이나 말이다! 스콧페이퍼는 특정 부서를 4년간 세 번이나 구조조정하는 등 1980년대 내내 구조조정을 지속했다.[93] 그 기간에 스콧페이퍼는 거의 전 품목에서 시장을 잠식당했고, 결국 몰락의 4단계로 떨어졌다.[94]

> 구조조정과 리스트럭처링은 뭔가 생산적인 일을 하고 있다는 착각을 하게 만든다. 기업은 항상 스스로 구조조정 프로세스를 진행하게 마련이다. 그것이 조직이 진화해나가는 생리다. 하지만 위험을 알리

> 는 경고와 데이터에 대응하기 위해 구조조정을 최우선 전략으로 삼기 시작한다면 그것은 몰락의 3단계에 있다는 신호다. 이는 심각한 심장질환 혹은 암 진단을 받고 거실 가구들을 재배치해 대응하는 것이나 마찬가지다.

바람직한 이상형이라고 할 수 있는 조직 형태는 존재하지 않는다. 어떤 조직 구조도 나름의 장단점이 있으며, 어떤 형태의 조직도 비효율적인 면이 존재한다. 어떤 상황에서든 이상적이라고 할 수 있는 조직 구조가 존재한다는 증거는 찾을 수 없으며, 아무리 조직을 재구성해도 위험과 위기를 날려버릴 수는 없다.

3단계의 징조

긍정적인 징조는 확대하고 부정적인 징조는 축소한다 ㅣ 회사에 뭔가 문제가 있다고 여기기보다 부정적인 데이터를 축소하거나 설명하길 꺼려하는 경향이 있다. 리더들은 외부의 칭찬과 매스컴의 관심을 홍보하고 과장한다.

실증적인 증거 없이 과감한 목표를 세우고 크게 투자한다 ㅣ 리더들은 담대한 목표를 세우고 경험이 축적되지 않은 상황에서 대규모 투자를 단행한다. 더욱 나쁜 점은 드러난 사실을 무시하고 행동으로 옮기는 것이다.

모호한 데이터를 기반으로 큰 위험을 초래할 수 있는 일을 단행한다 ㅣ

수집된 데이터가 모호한 데다 잘못될 경우 심각하거나 끔찍한 결과를 초래할 가능성이 있는 상황에서 리더는 데이터의 긍정적인 면을 취하고 '흘수선 아래'에 구멍을 낼 수 있는 위험을 감수한다.

건강한 팀 역동성이 침식된다 ㅣ 대화나 토론의 양과 질이 떨어지는 징조를 보인다. 논쟁을 통해 반대를 수렴하는 과정을 거쳐 의견을 하나로 모으고 이를 실행에 옮기는 대신 독재적인 경영으로 바뀐다.

비난을 다른 곳으로 돌린다 ㅣ 리더들이 후퇴와 실패의 책임을 전적으로 받아들이는 대신 외부 요인이나 다른 사람 탓으로 돌린다.

구조조정에 몰두한다 ㅣ 냉엄한 현실에 맞서기보다 만성적으로 구조조정을 진행한다. 사람들이 외부 환경 변화에 대처하지 않고 사내 정치에 점점 더 몰두한다.

경영자들이 현실에서 격리된다 ㅣ 권력을 쥔 사람들이 더욱 권위주의적으로 변하고 현실로부터 멀어진다. 경영진의 특권과 상징이 지나치게 변질된다. 안락한 새 사무실 건물은 경영자들을 현실에서 격리시키기도 한다.

4단계 구원을 찾아 헤매는 단계

HOW THE MIGHTY FALL

▶ 몰락의 4단계 ◀

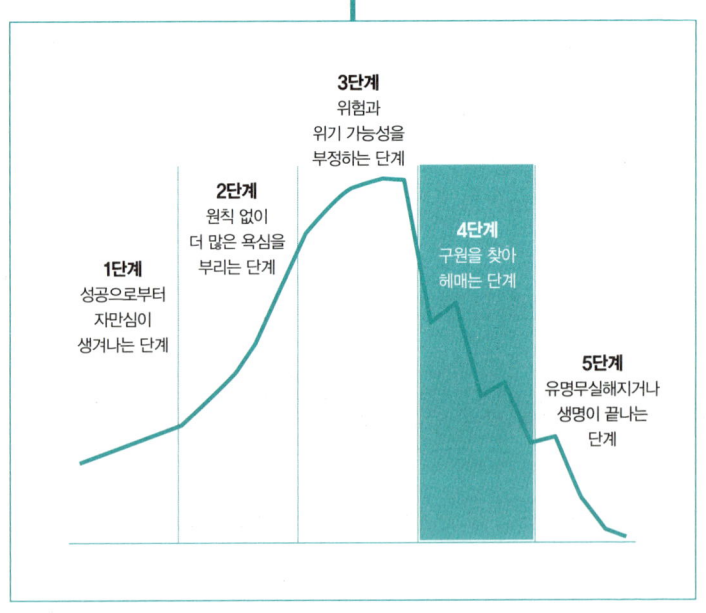

HP의 CEO 류 플랫Lew Platt은 1992년부터 1998년까지 회사를 이끌어오면서 회사 수익과 누적 주식수익률을 5배 이상 늘렸다. 경영 잡지 〈최고경영자Chief Executive〉가 25년 이래로 부를 많이 창출한 사람들을 조사한 리스트에 따르면 이는 11번째에 해당하는 훌륭한 실적이었다. 그런데 1999년 초에 이르자 많은 투자자, 애널리스트, 비즈니스미디어가 류 플랫 체제는 새로운 인터넷 경제에서 현재의 지위를 지키지 못하거나 심지어 위상이 추락할 거라고 전망했다.[95]

나는 플랫을 실패자로 여기는 의견에 동의하지 않지만, 그가 회사나 자신을 실패로 이끄는 실수를 저지른 것은 사실이다. 그 실수는 감당하기 어려운 속도로 빠르게 성장을 추구했다는 점이다. 과거에 HP는 연매출 150억 달러를 돌파하는 데 50년 이상 걸렸지만, 플랫이 이끌던 무렵에는 단 4년 만에 연매출이 300억 달러를 넘어섰고 이후 3년 뒤에는 매출이 450억 달러를 훌쩍 넘었다.

그러나 이처럼 뜨겁던 성장세는 1998년에 한계에 부딪히면서 월스트리트를 실망시켰다. 만약 플랫이 급격한 양적 성장을 포기하고 더 완만한 궤적의 성장세를 유지했다면, HP는 1990년대 말에도 성장세를 지속하며 성공 스토리를 이어나갔을 것이다. 하지만 플랫은 자리에서 밀려나고 말았다.[96]

1999년 1월, HP 이사회는 캘리포니아 주 팰러앨토Palo Alto에 있는 가든코트 호텔에 모였다. 당시 정황을 기록하고 있는 피터

버로스Peter Burrows의 《백파이어Backfire》와 조지 앤더스George Anders 의 《퍼펙트이너프Perfect Enough》는 그 모임을 중요한 순간으로 묘사하고 있다.

1990년대 말 기존의 경제 법칙들을 뒤흔들어 놓은 인터넷 거품을 바라보며 HP 직원들은 처음에는 어리둥절해하다가 다음에는 경탄의 눈으로 바라보았고, 이후로는 점차 공포심을 느끼게 되었다. 1999년에 이르러 아마존과 야후 같은 인터넷 기업은 빈손으로 시작한 지 5년 만에 시가총액 150억 달러 이상의 기업으로 성장했는데, 이는 HP가 그 정도로 성장하는 데 걸렸던 시간보다 10배 이상 빨랐다.[97]

두꺼운 안경에 평범한 포드 토러스 자동차를 몰며 구내식당에서 종업원들과 격의 없이 어울리던 플랫은 당시에는 매우 이상적인 인물이었다. 그러나 HP의 성장이 정체되고, 하늘 높은 줄 모르고 치솟는 다른 기술주에 비해 주가 또한 답보 상태에 머무르자, 사람들은 새로운 타입의 리더가 필요하다는 우려를 내비쳤다. 결국 쉰일곱 살의 플랫은 새로운 세대에게 자리를 내주고 일찌감치 물러나야겠다고 생각했다. 그의 사임을 받아들인 이사회는 HP의 후임 CEO를 물색하기 시작했다.[98]

1999년 7월, HP는 플랫의 후임으로 루슨트테크놀로지스Lucent Technologies에서 온 칼리 피오리나Carly Fiorina를 CEO로 임명했다. 1998년 〈포천〉은 오프라 윈프리를 제치고 이 '슈퍼 세일즈우먼' 을 '비즈니스에 가장 큰 영향을 미치는 여성 실력자' 1위 자리에 올려놓았다.⁹⁹ 〈포천〉은 늙은 HP가 세상에서 가장 강력하고 화려하며 활력적이고 매력적인 여성 슈퍼스타 임원을 고용했다는 찬사를 늘어놓아 피오리나조차 놀라게 만들었다. 〈포브스〉, 〈포천〉, 〈비즈니스위크〉가 앞 다퉈 그녀에 대한 기사를 쏟아냈고, 오프라 윈프리쇼는 물론 다이앤 소여 같은 뉴스 앵커도 그녀를 언급했으며 패션 전문잡지 〈글래머〉와 〈보그〉도 그녀를 홍보하느라 바빴다.

여기저기서 쏟아지는 칭찬과 초대에 모두 응할 수 없을 정도로 피오리나는 유명한 인물이었다.¹⁰⁰ 이와 같은 엄청난 관심을 지켜본 HP는 자신들이 존재 그 자체만으로도 매스미디어의 폭발적인 관심을 불러일으키는 비즈니스계의 슈퍼스타를 영입했다는 사실을 깨달았다. CEO로 임명된 지 48시간 안에 피오리나는 〈월스트리트저널〉, 〈워싱턴포스트〉, 〈뉴욕타임스〉 같은 유명지의 지면을 장식했고, CNBC 같은 세계 1위 금융-비즈니스 채널에도 등장했다. 2주일 후에는 〈비즈니스위크〉가 그녀를 커버스토리로 다뤘다.¹⁰¹

IBM이 어두운 시절을 보내던 1993년에 CEO로 영입된 루이스 거스너 주니어는 이와 대조적이었다. 거스너가 취임한 후 100일이 지났을 무렵 〈USA투데이〉가 홍보기사를 실으려 하자 그는 이렇게 대답했다.

"고맙지만 사양하겠소. 당면 과제를 분석하느라 힘겨운 날을 보냈을 뿐이오."¹⁰²

거스너는 부임 첫날 본사로 출근하지 않고 국제 관리자 회의에 참석했다. 하지만 거스너에게 아직 보안카드가 발급되지 않았던 터라 그는 굳게 닫힌 빌딩 밖에서 종종걸음을 칠 수밖에 없었다. 그는 자신의 저서 《코끼리를 춤추게 하라 Who Says Elephants Can't Dance》에서 당시 상황을 이렇게 말했다.

"새 CEO로 임명된 나는 그곳에서 누군가가 나를 알아차리고 문을 열어주길 기다리며 하염없이 문을 두드렸습니다. 한참 후에 청소부 아주머니가 다가와서 나를 미심쩍게 바라보더니 마지못해 문을 열어주더군요. 그녀는 내가 내부 인사가 아니라 외부인이라고 생각하는 것 같았습니다. 어찌 되었든 여기저기를 배회하다가 회의가 시작하려는 순간에야 겨우 회의실을 발견할 수 있었습니다."[103]

피오리나는 CEO에 취임한 지 얼마 지나지 않아 텔레비전 광고에 출연했다.

"빌 휴렛과 데이비드 팩커드의 회사는 새롭게 거듭나고 있습니다."

그녀는 1930년대에 휴렛과 팩커드가 창업했던 팰러앨토의 주차장을 본뜬 장소 앞에 당당히 서서, 아름다운 자태로 자신 있게 말했다.

"다시 한 번, 창업 당시의 마음으로 행동하겠습니다. 지켜봐 주십시오!"[104]

피오리나는 절절한 메시지로 직원들에게 동기를 부여했으며

'변화 특공대'를 결성해 극적이고 고무적인 변화를 이끌어나갔다.[105] 또한 그녀는 '창조'라는 슬로건을 내걸고 HP의 브랜드를 통일시키는 포괄적이고 전면적인 전략을 시행했다. 나아가 요란하고 다양한 마케팅을 펼치면서 인터넷 시대에 걸맞은 속도로 움직이도록 직원들을 열심히 독려했다. 그 무렵 〈포브스〉는 '칼리 종교 숭배자들 The Cult of Carly'이라는 제목의 커버스토리를 실었다. 첫 번째 페이지에는 거의 절반을 차지할 정도의 큰 활자로 "모든 것을, 언제나, 칼리 방식으로 All Carly, All the Time"라고 썼고 기사 내용 중에는 "리더는 성과로 말한다"는 피오리나의 말을 강조해서 실었다.[106] 피오리나는 HP의 지지자들에게 현란한 연설을 했다.

"미래의 명확한 비전은 다름아닌 여러분에게서 나옵니다. …… 그리고 이는 우리가 여러분들께 드리고자 하는 것이기도 합니다."[107]

반면 거스너는 다르게 접근했다. 그는 IBM에 관한 공개적인 첫 토론에서 이렇게 말했다.

"지금 IBM에 필요한 것은 결코 비전이 아닙니다."

이 말은 IBM이 비전을 갖지 말아야 한다는 뜻이 아니라 인재의 적재적소 배치, 수익성 회복, 현금흐름 개선 그리고 모든 활동의 중심에 고객을 두는 등 기본적인 행동에 우선순위를 두어야 한다는 의미였다.[108] 그는 특히 인재 배치의 중요성을 깨달아, 취임 후 몇 주일간 이 일에 집중했다고 훗날 술회했다. 거스너는

IBM의 장점을 살리고 '방대한 분량의 계량 분석'을 하며 소걸음 걷듯 차근차근 접근해나갔다.[109] 거의 석 달 내내 IBM의 상황을 파악하는 데 대부분의 시간을 보냈던 것이다. 그는 〈포천〉의 편집자 데이비드 커크패트릭David Kirkpatrick에게 솔직한 심정을 털어놓기도 했다.

"이 정도로 큰 기업에서 한 달 정도 만에 변화 일정표를 제시한다는 건 있을 수 없는 일입니다. 무엇보다 새로운 경영에서 뭔가 거대한 계획이 나올 거라고 생각하는 사람들의 인식을 바로잡고 싶습니다. 그런 건 없습니다."

거스너가 취임한 지 100일이 되었을 무렵, 〈USA투데이〉는 그가 CEO로 취임한 이후 IBM의 주가가 6퍼센트 하락했으며, 이는 어느 비판적인 애널리스트가 말한 대로 "그가 아무 일도 하지 않았기 때문"이라는 내용의 커버스토리를 실었다. 또한 "그가 뛰어난 경영자가 아닌 것만은 확실하다"는 요지의 글도 실렸다. IBM이 직면한 위기에 관해 질문을 받으면 거스너는 크게 신경 쓰지 않는 듯 간단하게 대답했다.

"나는 우리 회사가 잘되든 잘되지 않든 언제나 위기감을 갖고 있습니다.…… 하지만 결코 우리 회사가 위기에 빠져 있다고 생각하지는 않습니다."[110]

거스너는 피오리나의 접근법과 대조적으로 먼저 인재를 적소에 배치하고 IBM의 상황을 이해한 다음에 비전과 전략을 세운다는 자기 규칙이 있었다. 반면 피오리나는 HP가 그녀를 CEO로 임명한다고 발표한 지 하루 만에 이루어진 〈비즈니스위크〉와의 인터뷰에서 광범위한 제품 결합이 가능하도록 HP를 인터넷 기업으로 변신시키는 비전 창출에 우선순위를 두겠다고 밝혔다.[111] 후에 피오리나는 자서전 《칼리 피오리나 힘든 선택들 Tough Choices》에서 "HP에 올 때 시간이 많지 않다는 생각을 했습니다. 나는 서둘렀습니다"라고 말했다.[112]

가장 중요한 실적 면에서도 거스너와 피오리나는 대조적이었다. 거스너는 수익성을 조금씩 늘려갔지만, 피오리나는 그렇지 않았다. 거스너의 재임 시절 IBM의 매출 이익은 완만하게 상승해 첫 재임 1년간 5퍼센트, 재임 마지막 1년간 9퍼센트까지 상승했다.

반면 HP의 매출 이익은 변덕스러운 모습을 보였다. 피오리나의 재임 1년간 매출 이익은 7퍼센트까지 성장했다가 2002년에는 기업을 공개한 지 45년 만에 처음으로 손실을 기록하더니(주로 구조조정과 기업 인수 등의 영향을 받았다) 재임 마지막 해에는 4퍼센트 증가로 끝맺었다.

HP 이사회가 시카고 공항에서 특별회의를 열었던 2005년 2월 7일, 피오리나는 자리에서 물러났다. 짧은 프레젠테이션을 마친 뒤 호텔 객실로 돌아가 대기하던 피오리나는 회의실로 다시 오라는 호출을 받았다.

"회의실 문을 열고 들어가 보니 벌써 이사회 멤버 두 명은 자리를 뜨고 없었습니다."

그녀는 나중에 이렇게 썼다.

"그때 나는 해고되었음을 직감했습니다."[113]

진정한 묘안

피오리나가 HP에서 실망스럽게 물러난 것을 온전히 그녀의 책임으로 돌릴 수는 없다. 분명 피오리나는 이사회가 원하던 인물이었다. 그녀는 자석처럼 사람들을 끌어당기는 스타 파워와 회사를 개혁하는 데 필요한 변화의 열정을 갖추었으며 카리스마와 비전까지 겸비한, 훌륭한 리더였다. 그런 기준으로 보면 피오리나의 영입은 성공적이고 완벽한 선택이었다고 할 수 있다. HP가 몰락의 4단계로 진입하게 된 시점은 닷컴 거품에 느리게 대처하거나 월스트리트의 기대에 부응하지 못했을 때가 아니라, 하락세가 시작된 뒤 이사회가 그릇된 대응을 했을 때부터라고 볼 수 있다.

4단계는 하락세에 대처하기 위해 기업이 단번에 사태를 역전시킬 수 있는 묘안을 찾아 요동칠 때부터 시작된다. 4단계에 돌입한 기업은 광범위하고 다양한 행동을 취한다. 입증되지 않은 기술에 크게 베팅하기, 실험되지 않은 전략에 전적으로 기대 걸기, 전혀 새로운 신제품의 성공에 완전히 의지하기, 게임의 판도를 바꿀 수 있는 합병 대상 물색하기, 이미지 개선에 도박을 걸기, 구원을 약속하는 컨설턴트 고용하기, 자신들을 구제해줄 CEO 찾아 나서기, 변혁을 기치로 내건 수사 남발하기, 재무적 구원이나 매각에 매달리기 등이 있다.

중요한 것은 장기적인 모멘텀을 부활시키기 위해 점진적이고 힘든 과정을 시작하는 대신 신속하면서도 거창한 해결책, 혹은 한시라도 빠른 회복을 노린 과감한 시도들을 찾는다는 점이다. 예를 들어 HP 이사회는 2002년도에 논란이 된 컴팩 컴퓨터와의 240억 달러짜리 합병 등 4단계의 특징적인 행동들을 지속하며 온갖 수사를 쏟아냈다. '가치를 증대시키는 가장 확실하고 신속한 방법', '단번에 사태를 극적으로 개선시킬 수 있는', '즉시 2배로 늘릴 수 있는', '신속히 대처할 수 있게 만드는', '단호한 전략적 조치', 'HP가 가속도를 얻게 된', '우리가 속한 산업 구조를 변화시킬' 등이 그것이다.[114] 다음 페이지에 실린 표는 몰락의 4단계를 확대·고착시키는 행동과 4단계의 악화되는 하락세를 반전시키는 데 도움이 되는 행동을 비교해 놓은 것이다.

몰락의 마지막 단계로 떨어진 기업들은 하나같이 적어도 묘안 하나씩은 잡으려고 노력했다(《부록 4-B》의 증거표 참조). 서킷시티는 내부에서 승진한 CEO가 은퇴한 자리에 서킷시티에 온 지 18개월밖에 안 되는 베스트바이 출신을 앉혔다. 그런 다음 3,000명 이상의 경험 많고 연봉 높은 매장 직원을 해고했다. 이후 채 2년이 못 되어 기업 매각을 위해 골드먼삭스를 고용했지만, 블록버스터 Blockbuster에 매각하려던 계획은 물거품이 되고 말았다.[115] 결국 서킷시티는 파산했다.

몰락의 4단계를 확대·고착시키는 행동	악화되는 하락세를 반전시키는 데 도움이 되는 행동
입증되지 않은 전략(신기술, 신시장, 신사업)에 목맨 기대. 흔히 과장된 광고와 홍보를 동반함.	과감하고 실험적인 도약을 시도하는 대신 실증적, 계량적 분석을 바탕으로 한 전략적 변화 모색.
단번에 기업을 변화시켜 판도를 뒤바꿀 수 있는 큰 합병 건수(흔히 기대해봄 직하지만 증명되지 않은 시너지 효과에 바탕을 둠)를 찾음.	이질적인 2개의 기업을 결합해 하나의 위대한 기업을 만들 수 없다는 사실을 이해. 오직 입증된 강점을 확대할 수 있는 전략적 인수만 고려.
더 큰 위험으로 내모는 위협에 대응하고자 현금을 고갈시키고 재무 상황을 악화시키는 대안에 필사적으로 매달림.	차분히 사실을 모으고 생각하고 그런 다음 결정하고 행동함(혹은 하지 않음). 장기적으로 회사를 위험에 빠뜨리는 행동을 하지 않음.
기업의 거의 모든 측면을 바꿔 핵심 역량을 위태롭게 하거나 사라지게 만드는 급격한 변화와 개혁 시도.	핵심 역량을 확실히 하고 이를 굳게 지킴. 입증된 강점을 강화하며 약점을 보완하는 토대 위에서 변화에 필요한 요소 파악.
빈약한 성과를 보상하기 위해 사람들에게 밝은 미래 약속.	가시적 성과를 통해 새로운 방향을 제시할 수 있도록 성과에 초점을 둠.
끊임없는 구조조정 혹은 일관되지 못한 중대한 결정들로 인해 성장 모멘텀 파괴.	하나하나 훌륭히 판단하고 실행한 토대 위에 성장 모멘텀 구축.
새로운 비전을 갖고 충격 요법을 통해 기업을 구제해줄 경영자를 외부에서 구함.	입증된 성과를 토대로 훈련된 경영자를 내부에서 구함.

　스콧페이퍼와 같은 경우에는 값비싼 전략 컨설턴트에 희망을 걸고 〈포천〉이 "믿게 만들면 성공하고 그렇지 못하면 해고당하는"이라고 표현한 대로 문화적 변화를 꾀했다.[116] 에임스는 온갖 전략과 프로그램을 고안하여 이리저리 바꿔가면서 여러 CEO를 고용하고 해고하고 또 새로운 CEO를 고용하는 일을 계속 반복했다.[117]

강력한 새 경쟁자들로 인해 무기력하게 흔들린 A&P는 어느 산업 관계자가 '가미카제식 돌격'이라고 말한 것처럼 시장점유율을 얻기 위해 가격을 인하하고 4,000여 개의 상점을 소위 WEO('절약이 시작되는 곳'의 준말) 형태로 바꾸었다. 이러한 조치는 결국 수익성에 재앙을 초래한 것으로 밝혀졌다. A&P는 그 전략을 버리고 외부로부터 자신들을 구해줄 카리스마 넘치는 경영자를 영입했으나, 잠깐 수익성을 회복했다가 다시 연이어 적자를 낸 끝에 붕괴했다.[118]

> 4단계에서 취하는 조치들은 잠깐 상황을 호전시키기도 하지만, 성과는 지속되지 못한다. 따라서 갈피를 잡지 못하고 이것저것 바꾸어가며 희망을 걸어본다. 4단계로 추락한 기업들은 새로운 프로그램, 유행, 전략, 비전, 돌파구, 합병 그리고 구원자를 찾아 나선다. 하나의 묘안이 실패로 끝나면 또 다른 묘안을 찾는다. 뛰어나지 못한 기업의 특징은 변하려는 의지가 부족한 데 있는 게 아니라 만성적으로 일관성이 없다는 데 있다.

이런 생각이 들지 않는가?

'곤란에 처한 기업이 구원자를 찾는 것은 당연하잖아. 죽어가는 기업은 절박하게 행동할 수밖에 없지 않은가.'

그러나 4단계에 막 접어든 기업들은 대개 자기의 상황을 잘 파악하지 못한다. 우리가 조사한 바에 따르면 4단계에 막 접어든 기업은 비록 휘청거리긴 했어도 치명적인 상황은 아니었다. 실제로는 4단계에서 흔히 저지르는 행동들로 인해 상황이 악화되고 결국 죽어가는 기업이 되어 절망적인 행동을 하는 경우가 많다.

그러면 모토로라와 텍사스인스트루먼트를 비교해보자. 하나는 휘청거리며 4단계로 진입했고 다른 하나는 4단계의 목전에서 다행히 벗어날 수 있었다.

1998년 모토로라는 50년이 넘는 기업 역사상 처음으로 적자를 냈다. 고위 경영진은 회의실에 숨어 돌파구를 찾느라 애썼다. 결국 그들은 〈비즈니스위크〉가 '충격요법'이라고 명명한 급격한 변화의 길을 택했다.[119] 모토로라는 제너럴인스트루먼트General Instrument를 모토로라의 시가총액과 거의 맞먹는 170억 달러에 인수했다.[120] 소위 '묻지 마' 전략 아래 버블이 터지기 직전에 인터넷과 브로드밴드 열풍에 휩쓸려 앞뒤 가리지 않고 뛰어든 것이다. 처음에는 2년 만에 모토로라의 배당 전 누적액이 3배가 넘는 등 이러한 시도가 유효한 듯 보였다.[121] 하지만 이윽고 인터넷과 브로드밴드 버블이 터졌고, 모토로라는 2001년도 회계보고서에서 이렇게 밝혔다.

"다른 기업들처럼 우리도 2000년에 닷컴과 통신 열풍을 부적절하게 뒤따라갔다."

2001년에 접어들면서 모토로라는 450억 달러의 매출을 올리는 기업에 적합한 글로벌 비용 구조와 생산 능력을 갖추었지만 매출이 300억 달러로 추락하면서 연이어 적자를 냈다.[122] 2003년에는 회사 역사상 처음으로 외부에서 경영자를 데려왔다. 그러나 CEO로 취임한 선마이크로시스템스의 에드워드 잰더 Edward Zander는 일부 주주의 반대로 4년 만에 물러났다.[123]

텍사스인스트루먼트는 위기에 전혀 다르게 접근했다. 20세기 중반만 해도 TI는 스타 기술 기업 중 하나였지만, 1970년대와 1980년대 초에 디지털시계와 가정용 컴퓨터 같은 일반 소비자 대상 품목에서 적자를 보면서 추락하기 시작해 위대한 기업의 지위에서 밀려났다. 1985년에 이사회는 제리 전킨스 Jerry Junkins를 CEO로 앉혔다. 겸손하고 단호한 전킨스(어떤 언론계 인사는 그를 '텍사스인스트루먼트의 청지기'로 불렀다)는 25년 이상이나 이 회사에서 일한 내부 인사였다.[124]

그는 TI를 위대한 지위로 돌려놓기 위한 첫 단계로 격정적인 대화와 토론을 시작했고, TI가 최고의 기업이 되는 기회를 제공했던 사업에 노력을 집중했다. 그리고 그 과정에서 3단계에서 언급했던 DSP 칩의 커다란 성공을 일구어냈다.[125]

> TI의 경영진은 위대한 기업의 지위를 회복하려면 현명한 행동을 하나하나 수행해나가야 한다는 사실을 이해하고 있었다. 어떤 결정은 좀 더 크고 또 어떤 결정은 작지만, 아무리 큰 결정도 위대한 기업이

> 라는 결과물을 만들어내기 위한 일부분이다. 하룻밤 사이에 크게 성공한 듯한 스토리도 알고 보면 20년 정도 가꾸어낸 결과다.

1996년 5월 29일, 젠킨스는 유럽 출장 중에 심장마비로 세상을 떠났다. 아끼던 CEO의 예기치 못한 죽음으로 회사가 혼란에 빠질 수도 있었지만, 당시 텍사스인스트루먼트 반도체 사업 사장이던 톰 엔지버스는 당장 CEO 자리를 물려받아도 좋을 만큼 준비된 인물이었다. TI 내에서 20년간 승진을 거듭한 엔지버스는 전임자처럼 성실하고 겸손하며 스스로 길을 찾아내는 CEO였다. 그는 자신의 경영 스타일을 그려내려는 사람들에게 강력히 주장했다.

"이 이야기는 저 말고 TI에 초점을 맞추시기 바랍니다."

사실 TI의 성공은 그의 카리스마 있는 리더십 덕분이라고 말하기 어렵다. 엘리사 윌리엄스Elisa Williams 는 〈포브스〉에 이렇게 썼다.

"엔지버스의 성격은 그가 자란 중서부 평원만큼이나 특징이 없다."[126]

임기가 끝날 무렵, 엔지버스는 24년간 TI에 몸담아온 또 다른 내부 인사 리처드 템플턴Richard Templeton에게 순조롭게 인수인계를 하려고 노력했다.[127] 모토로라가 좋은 기업에서 나쁜 기업으로 추락할 그 무렵, TI의 조용하면서도 단호한 경영진은 거의 교과서적으로 기업 변화를 지휘해 모토로라보다 주당 5배의 실적을 올렸으며 1995년부터 2005년까지 거의 인텔의 성적에 근접했다.[128]

우리의 여러 연구(《좋은 기업을 넘어 위대한 기업으로》,《성공하는 기업들의 8가지 습관》,《위대한 기업은 다 어디로 갔을까》 그리고 격변의 환경 속에서 살아남기 위해 필요한 것에 대해 현재 진행 중인 연구)를 통해 볼 때, 위대한 기업을 만드는 것과 외부에서 CEO를 데려오는 것은 서로 부정적인 상관관계에 있다. 분석 대상으로 삼은 11개 기업 가운데 8기업이 몰락해가던 시기에 외부에서 CEO를 영입한 데 반해, 성공한 기업 중에는 단 한 곳만 대조되는 시기에 외부에서 CEO를 데려왔다. 어쩌면 이렇게 생각하는 사람도 있을 것이다.

'곤란에 빠진 기업은 외부에서 경영자를 데려올 필요가 없단 말인가?'

외부에서 경영자를 영입할 필요가 있을 수도 있다. 그러나 우리 연구에서는 외부에서 구원자로 온 CEO들이 대부분 사태를 더욱 악화시켰다. 앞서 진행한 연구를 살펴보면 좋은 기업에서 위대한 기업으로 이끈 CEO의 90퍼센트가 내부 출신이었던데 비해, 외부 CEO를 고용한 기업의 3분의 2 이상은 그에 필적할 만한 성과를 내지 못했다.

그렇다면 IBM의 경우는 어떻게 이해할 것인가? RJR 내비스코에서 거스너를 데려온 IBM은 다시 살아나지 않았는가?(IBM

의 회생에 관해서는 〈부록 6-A〉 참조) 물론 외부 인사가 기업을 위대함으로 가는 길로 되돌려 놓을 수도 있다. 그렇다면 그런 경우와 그렇지 못한 경우는 무엇이 다를까? 거스너는 먼저 기업을 위대하게 만들 수 있는 기본적이고 체계적이며 지속적인 접근법으로 돌아갔다. 그는 여기저기 구원자가 될 만한 인물을 구하고 여러 가지 묘안을 찾으며 이리저리 기회를 찾아다니는 악순환을 중단해야 한다는 사실을 알고 있었다. 곤경에 처한 조직이 외부에서 경영자를 찾아 나서면 흔히 이런 메시지를 전달하게 된다.

"도와주세요! 우리 회사로 와서 모든 것을 바꿔 급진적이고 혁명적인 변화를 일으켜줄 사람이 필요합니다. 그것도 빨리요!"

리더가 이런 메시지를 받아들이면 하락세를 되돌리는 것이 아니라 몰락의 4단계로 깊이 떨어뜨릴 가능성이 크다. 거스너의 경우에는 그가 외부 인사든 내부 인사든 상관없이 그러한 구도를 받아들이지 않았다는 점에서 모든 경영자들에게 큰 교훈이 된다.

공포와 절망

열네 살 때 나는 암벽 등반을 위해 밧줄타기를 배우면서 깎아지른 듯한 30미터 바위 꼭대기에 매달려 공포에 떨었던 적이 있다. 그때 밧줄을 고정하는 기어가 갑자기 풀리자 나는 휘청거리며 본능적으로 머리 위 바위 끝자락을 잡았고, 그 바람에 라펠 브레이크 핸드(하강을 조절하는 로프를 쥐는 장치)를 놓쳐버리고 말았다. 두려움에 대처해 나 자신을 구하려던 행동이 오히려 더 큰 위험에 빠뜨린 것이다. 다행히 교관이 예비용 안전 밧줄로 나를 구해주었지만, 그 일로 나는 중요한 교훈을 깨닫게 되었다.

> 스스로 곤경에 처했거나 정점을 지나 하락세로 돌아섰음을 발견했을 때, 생존 본능(그리고 두려움)이 우리가 살 수 있는 길과 정반대로 가게 만들 수도 있다. 차분하게 생각하고 주의 깊게 행동해야 할 바로 그 순간에 우리는 정반대로 움직여 가장 두려워하는 결과를 빚어낸다.

몰락의 길로 들어선 기업들을 보면 나는 그 교훈을 다시 떠올린다. 기업들은 두려움에 사로잡혀 서둘러 뭔가를 움켜쥐고 반응함으로써 4단계 끝에 이르고, 결국 죽음을 재촉하게 된다. 물론 경영자는 나중에 이런 주장을 할 수도 있다.

"우리는 할 수 있는 건 다 해봤습니다. 모든 걸 바꾸었습니다. 생각할 수 있는 온갖 조치는 다 취해보았다고요. 모든 수단을 강구했지만 우리는 여전히 추락했습니다. 시도해보지 않았다고 우리를 비난할 수는 없습니다."

그들은 몰락의 마지막 단계에 있던 IBM의 거스너처럼 차분하고 냉정한 머리로 핵심으로 돌아가는 접근법을 발견하는 데 실패한다. 몰락으로 향하는 길을 되돌리고 싶다면 무슨 일을 하지 말아야 할지 곰곰이 생각해보아야 한다.

1990년대 초, 나는 스탠퍼드경영대학원에서 있었던 창의성 과정을 진행하며 초청강사로 전직 해병대 출신 기업가 한 분을 초대한 적이 있다. 그는 베트남 전에서 여러 건의 정글 전투를 수행한 경험이 있었다. 기업가에게 도움이 될 만한 교훈이 있으면 소개해달라고 부탁하자 그는 전투에 비유해 이야기했다.

"적은 병력으로 적에게 포위되었을 때는 이렇게 지시하는 게 가장 좋습니다. '너는 여기서부터 여기까지 맡고, 넌 여기서부터 여기까지 맡아라. 그리고 총을 자동식에 맞춰 놓고 쏘지 마라. 한 번에 한 방씩 쏴라.'"

심호흡을 하라. 마음을 차분하게 가라앉히라. 생각하라. 집중하라. 겨누라. 한 번에 한 방씩 쏴라. 그렇게 하지 않으면 한때 사무용 주소인쇄복사기 업계 선두였던 어드레서그래프Add-ressograph가 걸어간 전철을 그대로 밟게 된다. 1945년 초에 어드레서그래프에 1만 달러를 투자했을 경우 1960년까지는 50만 달러를 벌어들일 수 있었다.[129] 하지만 1965년에 제록스가 '2400 복사기'를 내놓으면서 어드레서그래프의 복사 기능 제품은 직접적인 위협을 받았다. 공포에 질린 어드레서그래프는 3년간 23개의 신제품을 쏟아내며 자멸을 불러오는 프로그램을 시작했다. 신제품을 대량으로 공급하면서 불량거래처가 급등했고, 이로 인해 받지 못하거나 늦게 받는 미수금이 7,000만 달러에 달했다. 결국

23개의 신제품 중 16개가 실패했다.[130]

　1970년대 초, 수익성이 하락하고 적자를 면치 못하자 이사회는 외부에서 새로운 비전을 지닌 CEO를 불러왔다. 공격적이고 성공 지향적인 새 CEO는 회사를 재창조하고 정신적으로 완전히 개조하고자 충격적인 기업 혁명을 시행했다. 그에게 어드레서그래프는 '물이 줄어드는 호수에서 맴도는 보트와 같아 가능한 짧은 시간 내에 대규모 변화가 필요한 상황'으로 보였다.[131] 그는 과감히 과거의 때를 벗기고 워드프로세서와 전자 사무 기계 같은 미래형 사무 기계 분야로 뛰어들었다.[132] 하지만 그러한 도약은 계획대로 진행되지 않았고 비전으로 가득 찬 어드레서그래프의 구원자는 불만에 찬 이사회를 대면하게 되었다. 3시간 동안 그는 통계를 인용해 실적을 보고하면서 CEO로서의 지위를 방어하고자 했다. 그의 열정적인 프레젠테이션이 끝난 뒤 이사회 멤버는 그에게 물러나라고 했다.[133] 그로부터 10개월 후인 1981년에 어드레서그래프는 지난 50년간 쌓아온 누적수익을 단 1년 만에 몽땅 날려버린 실적을 발표했다.[134]

　분명 어드레서그래프의 제품들은 한물갔다. 이 회사의 기계식 복사기는 제록스의 기술 앞에서는 구식이었고, 구식 기계가 통하던 시대는 이미 지나갔다.

　이 회사의 제품라인이 갑작스런 기술 발전으로 구닥다리가 된 것은 부인할 수 없는 사실이다. 하지만 핵심 역량에 대한 근본적인 니즈인 오프셋 인쇄복사 기능은 구식이 되지 않았다. 심지어 제록스가 복사기 제품을 출시한 지 거의 50년 가까운 세월이 흐른 지금도 분량이 많은 고품질 인쇄 작업은 주로 오프셋 인쇄의 영역으로 남아 있다. 어드레서그래프가 사무 환경 분야(제록스가 소량 낱장 복사에서 승리한 곳)는 일찌감치 포기해야 했지만, 1970년대 초에 이미 상업 인쇄 분야에는 성공적으로 진입한 상태였다. 불행히도 어드레서그래프는 두려움에 우왕좌왕하면서 오프셋 사업을 경시했고, 결국 핵심 사업에서의 모멘텀을 잃어버렸다.[135] 암벽을 타다가 두려움에 브레이크 핸드를 놓쳐 버린 나처럼 어드레서그래프의 전전긍긍은 기업을 절벽 아래로 떨어뜨린 것이다.

어드레서그래프는 이런저런 전략을 채택했다가 바꾸기를 반복했고 본사를 전국에 걸쳐 이곳저곳(클리블랜드에서 로스앤젤레스로, 로스앤젤레스에서 다시 시카고로)으로 옮겼으며, 채 12년이 안 되는 기간에 네 명의 CEO를 바꾸고 두 번이나 파산을 겪었다.[136] 그중 한 CEO가 황급히 물러나는 것을 보며 어느 직원은 '뇌수술 도중에 수술을 집도하던 의사가 떠나버리는 것'에 비유하기도 했다.[137]

1990년대 말에 이르자 3만 명에 달하던 직원은 고작 몇 백 명으로 줄었고, 1980년 초에 투자된 돈은 1달러당 5센트 이하로 줄어들었다. 오랫동안 이 회사를 지켜본 어느 애널리스트는 비약적으로 표현했다.

"마치 치명적인 질병에 걸린 사람 같았습니다. 나는 환자가 쪼그라들고 결국 죽는 광경을 지켜보았습니다. 정말 슬픈 일이었어요."[138]

어드레서그래프는 4단계를 거치면서 추락해 마지막 단계인 유명무실해지거나 생명이 끝나는 단계로 접어들었다.

4단계의 징조

이리저리 묘안을 찾는다 ㅣ 빨리 돌파구를 마련하려고 판도를 뒤바꿀 기업 인수나 새로운 전략, 흥미로운 이노베이션에 간헐적으로 몰두하는 경향을 보인다. 그리고 이런저런 프로그램, 목표, 전략 등을 반복해서 시도하느라 조직이 만성적으로 요동치는 경향이 있다.

구원자가 되어 줄 리더를 찾는다 ㅣ 이사회는 위협에 대처하기 위해 카리스마 있는 리더 혹은 외부의 구원자를 찾지만 오히려 기업 활동에 차질을 준다.

공포에 젖어 서두른다 ㅣ 침착하고 차분하게 역량을 높여나가는 대신 조급히 행동하고 서두르며 두려움에 사로잡혀 달아난다.

근본적인 변화와 대대적인 '개혁'을 한다 ㅣ 새로운 프로그램! 새로운 문화! 새로운 전략! 등을 외치며 '혁명적', '근본적'이라는 단어로 새로운 시대를 규정한다. 경영진은 유행어와 각종 구호에 집착하며 직원들에게 동기를 부여하고 통제를 강화한다.

결과보다 광고가 앞선다 ㅣ 경영진은 상황을 호전시키는 데 시간과 노력이 드는 것을 감안해 기대치를 낮추는 대신 비전을 높게 설정한다. 현재의 부진한 실적을 보상하기 위해 미래를 팔고, 과대 약속과 부진한 결과를 내기 시작한다.

반짝 호전 뒤에 실망이 뒤따른다 ㅣ 처음에는 긍정적인 결과가 나오지만 지속되지 않는다. 새로운 희망을 찾아 이것저것 기웃댄다. 성장도 없고 모멘텀의 축적도 이루지 못한다.

혼란과 냉소가 번진다 ㅣ 직원들은 조직이 표방하는 바를 정확히 알지 못하고 핵심 가치는 초라할 정도로 침식되며 직장은 그저 일하고 월급 받는 곳으로 바뀐다. 이기고 앞서나갈 수 있다는 자신감을 잃는다. 직원들이 조직의 핵심 가치와 목표에 대해 열정과 믿음을 갖기는커녕, 회사를 불신하고 비전과 가치를 홍보 혹은 미사여구일 뿐이라고 생각한다.

만성적인 구조조정과 재무적 기반이 침식된다 ㅣ 새로운 정책이 시행될 때마다 자원이 소모되고 현금흐름은 악화되며 유동성은 하락한다. 구조조정이 거듭되면서 대안은 줄어들고 전략적 결정은 점점 상황의 지배를 받는다.

5단계 **유명무실해지거나 생명이 끝나는 단계**

HOW THE MIGHTY FALL

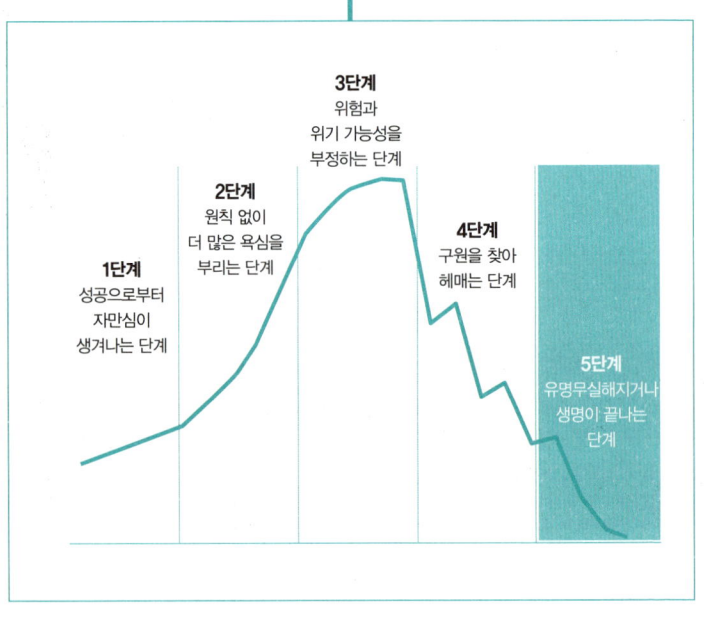

한때 잘나가던 기업들이 무릎을 꿇는, '몰락의 마지막 단계'를 조사하면서 스탠퍼드경영대학원의 소기업 경영과정에서 빌 레지어Bill Lazier 교수가 했던 이야기가 내내 떠올랐다. 강의실로 들어간 그는 학생들에게 대뜸 질문을 했다.

"이 기업 사례를 통해 알 수 있는 핵심 이슈는 뭘까요?"

대기업, 컨설팅 회사, 투자은행 등에서 일하는 학생들은 바람직한 전략적 선택, 가치 사슬의 규명, 브랜드 육성 등 MBA 학생다운 똑똑한 대답들을 쏟아냈다. 하지만 온갖 유행어의 향연에 만족하지 못한 레지어 교수는 교실 앞뒤를 오가며 계속 학생들의 대답을 재촉했다.

"아니오! 다시 생각해봐요!"

마침내 어떤 학생이 용기 있게 나섰다.

"음, 이게 선생님이 생각하시는 답일지는 모르겠습니다만, 이 회사는 직원들에게 월급을 주는 데 실패했습니다. 현금이 고갈되고 있어요."

레지어는 갑자기 걸음을 멈추더니 칠판으로 뚜벅뚜벅 걸어가 큰 글씨(적어도 60센티미터는 될 정도로)로 이렇게 적었다.

'현금CASH!'

"절대 잊지 마십시오. 여러분은 청구서를 현금으로 지불합니다. 흑자를 내더라도 파산할 수 있습니다."

흑자를 내더라도 파산할 수 있다. 이것은 대기업에서 일해온 대부분의 학생이 미처 생각하지 못했던 명제다. 작은 기업의 경영자들은 생존에 필요한 현금을 확보하기 위해 심혈을 기울이지만, 조직이 커지고 성공을 거듭하다 보면 현금 확보에 대한 개념이 점점 희박해진다. 대신 그들은 수익에 더 신경 쓴다. 그러나 기업은 수익 부족으로 죽지 않는다. 오히려 그 반대로 현금 부족으로 죽는다.

이 글을 다듬던 2008년 말, 미국 기업의 힘을 상징하는 제너럴모터스GM가 정부로부터 구제금융을 받으려 한다는 충격적인 뉴스를 접했다. GM은 현금 부족에 시달리며 4단계 후반부로 접어들고 있었다. "청구서는 현금으로 지불한다"는 레지어 교수의 충고는 한때 세계 최고로 군림하던 기업에게도 어김없이 적용됐다.

> 몰락의 5단계로 질주하면 기업은 악순환을 반복하며 통제력을 상실한다. 이것저것 추구하다 안 되면 또 다른 것을 잡으려는 행동을 반복하게 되는데 그때마다 보유 자원은 침식된다.

우리는 몰락의 5단계에 두 가지 유형이 있음을 발견했다. 하나는 조건부로 항복하는 것이 계속 악전고투하는 것보다 전반적으로 낫다고 판단하는 경우다. 다른 하나는 실권을 쥔 사람들이 계속 생존을 위한 싸움을 선택하는 경우지만, 이들에게는 대안이 부족해 기업이 생명을 부지하지 못하거나 이전의 위대함에 비해 처참할 만큼 힘이 축소되고 만다. 이제 생존을 포기하고 매각을 선택한 기업과 생존 투쟁을 계속하다 결국 파산한 기업을 살펴보자.

생존을 위한 투쟁을 포기한 사례

1980년대 말, P&G와 킴벌리클락에게 한참 밀려난 스콧페이퍼는 이들을 따라잡으려고 투자를 했다가 큰 빚을 떠안았다. 이 회사의 채무 대 자기자본 비율은 1985~1994년에 평균 175퍼센트로 크게 늘어났다. 자금부족은 끊임없는 구조조정으로 이어졌고 1990년에 1억 6,700만 달러, 1991년에 2억 4,900만 달러, 1994년 초에 4억 9,000만 달러의 비용절감 정책이 시행되었다. 스콧페이퍼의 회사채 등급은 정크본드 바로 위 단계까지 떨어졌다.[139] 람보라는 별명이 어울리는 앨 던롭 Al Dunlap 을 CEO로 영입한 것도 그때였다.

애널리스트 캐서린 맥얼리 Kathryn McAuley 는 1994년에 스콧페이퍼가 앨 던롭을 CEO로 임명했다는 소식을 듣고 그의 과거를 조사한 뒤 이런 결론을 내렸다.

"음……. 이제 보니 스콧페이퍼 이사회는 회사를 매각하기로 작정했군."[140]

던롭은 검게 칠한 벽 앞에서 흰 셔츠와 사자그림 넥타이에 탄띠를 매고 모형 자동소총 두 자루를 든 채 게슴츠레한 눈으로 익살맞게 찍은 사진 덕분에 '정장 입은 람보'라는 별명을 얻었다. 실제로 그는 별명에 걸맞게 악명도 높았다.[141] 던롭은 고위 경영자의 71퍼센트를 포함해 1만 1,000명 이상을 해고했다. 결과적으로 비용이 절감되면서 수익이 상승하고 손익계산서 내용이 개선되자, 그는 자부심 강한 그 회사를 최대 라이벌사였던 킴벌리클락에 매각했다.

람보 앨 던롭은 채 2년이 되지 않은 기간에 기업을 매각하기 좋게 만들고 자신은 높은 보수를 챙긴 것을 정당화하는 듯한 말을 했다.

"나는 이 분야에서만큼은 농구의 마이클 조던이나 로큰롤의 브루스 스프링스틴Bruce Springsteen 같은 슈퍼스타입니다. 그렇기 때문에 내 봉급은 CEO 평균이 아닌 다른 분야의 슈퍼스타와 비교되어야 합니다."[142]

이러한 허세와 너스레에도 불구하고 어쨌든 그는 스콧페이퍼의 몰락을 원인부터 치유한 것이 아니라 기업을 매각해 현금화했을 뿐이다. 스콧페이퍼가 몰락의 1, 2, 3, 4단계를 거치며 추락하지 않았다면, 재무적 자유에 대한 통제권을 잃지 않았다면, 던롭이 들어와 마을을 구한답시고 불태워 없애는 일은 없었을 것이다.

우리가 조사한 모든 기업이 5단계까지 추락할 운명은 아니었다. 어떻게 대응하느냐에 따라 기업마다 서로 다른 결정을 통해 하락세를 되돌릴 수도 있다. 그러나 기업이 1, 2, 3, 4단계를 거치는 동안 경영자는 지치고 기력이 꺾여 결국 희망을 놓게 된다. 일단 희망을 놓고 나면 결말을 준비한다.

물론 희망을 놓지 않는다고 해서 모든 문제가 저절로 해결되는 것은 아니다. 어디까지나 생존 투쟁을 계속할 수 있는 충분한 자원이 있어야 한다. 전략적 선택을 할 수 있는 능력을 잃어버리면 기업에게 해가 되는 단기적인 결정을 내리게 되고, 그러다 보면 결국 완전한 회복은 멀어진다. 이는 오랜 시간에 걸쳐 비극적인 죽음을 맞게 된 미국의 위대한 성공 스토리, 제니스의 사례에서 볼 수 있다.

대안이 없는 지경까지 내몰린 사례

제니스가 위대한 기업으로 부상한 것은 괴짜 경영자 유진 맥도널드Eugene McDonald가 제니스를 라디오와 텔레비전 분야의 독보적인 위치에 올려놓은 20세기 전반으로 거슬러 올라간다. 1945년 6월, 〈포천〉은 '제니스의 맥도널드 사령관'이라는 커다란 제목과 함께 한 페이지 전체를 할애하여 맥도널드가 세계 여행에서 수집한 해양시계와 총, 에스키모 유물 심지어 애완용으로 기르던 펭귄 박제에 이르기까지, 그가 자신의 기념품 앞에서 포즈를 취한 사진을 실었다.

이 기사에는 맥도널드가 카리브 해에서 낚시하는 사진, 유럽의 어느 백작이 선물한 항해 모자를 쓰고 자신의 요트를 운전하는 사진, 에스키모와 함께 카약 노를 젓는 사진, 태평양의 해적 보물을 찾아 나서는 사진, 발굴 현장에서 고대의 뼈 조각을 검사하는 사진, 자신의 멕시코 금광에서 직접 작업하는 사진, 그리고 〈내셔널지오그래픽〉을 자녀들에게 읽어 주는 사진 등이 실렸다.[143] 비전을 품고 부산하게 움직인 맥도널드는 자신의 천재성을 사업에 적용하여 가정용 포터블 라디오를 만들었고, 텔레비전 산업 초기 시절에는 텔레비전 생산으로 사업 범위를 확장해 나갔다.

성공으로부터 자만심이 생기는 몰락의 1단계는 맥도널드 재임 말기에 찾아왔다. 제니스는 흑백텔레비전 1등 제조업체가 되었고 1950년 초에 투입한 투자금이 1965년에 100배 이상으로 불어났으며, 누적수익률은 시장 평균의 10배가 넘었다. 일본에서 생산한 텔레비전이 시장을 잠식하기 시작했을 때도, 제니스는 일본의 위협을 교만하게 무시했다. 엄청난 성장을 거두고 완벽히 시장을 지배한 제니스가 볼 때에, 일본 제품은 위대한 품질의 미국 브랜드에 심각한 위협이 되지 못했다. 더욱이 그들은 '제니스, 그 이름에 품질이 담겨 있습니다' 같은 자사 슬로건에 완벽히 도취되어 있었다.[144] 반면 일본은 현명하게도 저가 제품으로 진출을 시작했다.

1960년대 말과 1970년대 초에 제니스는 원칙 없이 더 많은 것을 추구하는 2단계로 진입했다. 컬러텔레비전 수상기 부문에서 RCA를 누르고 1등 기업이 되는 목표를 달성하고 난 뒤, 제니스는 막대한 자금을 투입해 생산시설을 늘렸고 이로 인해 부채비율이 100퍼센트로 2배 증가했다. 여기에 권력 승계 문제도 겪었다. 사령관 맥도널드는 70대의 조셉 라이트 Joseph Wright 사장에게 전권을 주고 물러났다. CEO의 자리에 오른 라이트는 후임자를 뽑았지만, 그가 죽는 바람에 선택할 수 있는 대안이 제한적이었다. 그 무렵 포드 자동차로부터 경영자를 영입했는데 그가 결국 회장이 되었다.[145]

제니스는 자신들의 경쟁력 부족을 보완하기보다 다른 요인에 대한 비난(일본의 무역 관행, 미국의 불경기, 노사 불안정, 오일 쇼크 등)을 표면화하면서 위험과 위기 가능성을 부정하는 3단계로 접어들었다. 생산 과잉에 직면한 제니스는 시장점유율 싸움을 벌이기 위해 가격을 인하했고, 이로 인해 더 많은 빚을 지게 되어 30년 만에 수익성이 최악의 수준으로 떨어졌다.[146]

단번에 이런저런 기회를 서둘러 잡으려 했던 1970년대 말, 제니스는 구원자를 찾아 나서는 4단계로 접어들었다. 제니스의 한 고위 경영자는 〈비즈니스위크〉에 당시의 상황을 털어놓았다.

"우리에게 계획이 있었다면 그건 한 방에 모든 걸 해내는 거였습니다."

제니스는 VCR, 비디오디스크, 텔레비전과 연결되는 전화, 가정용 보안 카메라, 케이블TV 디코더, 개인용 컴퓨터 등의 시장에 뛰어들었다. 이 모든 제품을 생산하기 위해 제니스의 부채 비율은 140퍼센트로 늘어났다.[147]

제니스의 불행은 여기서 끝나지 않았다. 놀랍게도 생존을 위한 무차별 사격 중에 다시 위대한 기업으로 도약할 뻔한 행운의 기회가 발끝에 걸렸기 때문이다. 이것은 정력적인 인물 제리 펄먼 Jerry Pearlman이 주도해 새로 개척한 시장인 데이터 시스템 분야다. 〈비즈니스위크〉는 프린스턴 대학을 우등으로 졸업하고 하버드 경영대학원을 상위 2퍼센트의 우수한 성적으로 마친 펄먼을 '기업계의 선지자'라고 불렀다.[148]

CEO에 취임한 그는 제니스를 개인용 컴퓨터 분야에서 IBM에 필적할 랭킹 2위의 제조업체로 만들었고, 선견지명을 발휘해 떠오르는 노트북 시장에서 주도적인 위치를 차지할 계획을 세워 놓았다. 덕분에 1980년부터 1989년까지 데이터 시스템 분야의 매출이 3배나 늘어나면서 제니스 전체 매출의 50퍼센트 이상, 수익의 거의 전부를 발생시켰다. 제니스는 델이나 컴팩이 될 수 있었던 것이다.[149]

그러나 제니스는 여전히 텔레비전 사업에서 손을 떼지 못했고, 결국 위기를 부정하고 구원의 길을 모색하는 시도를 거듭하며 재무 상황을 악화시켰다. 보유 현금은 총부채의 5퍼센트 미만으로 떨어졌다. 펄먼은 텔레비전 사업을 매각하려 했지만 원하던 가격을 받지 못했다.

만약 몇 년 전, 즉 제니스의 현금이 바닥나기 전에 텔레비전 분야를 포기하고 보유 자산을 모두 데이터 시스템 분야에 투자했다면 제니스는 다시 위대한 컴퓨터 기업으로 발전할 수 있었을 것이다.

성난 주주들로부터 시달리느라 지친 데다 현금은 줄어들고 5억 달러 규모의 부채에 짓눌린 펄먼은 선택의 여지가 없음을 깨달았다. 1989년 9월 29일, 그는 불코퍼레이션Bull Corporation의 CEO 프랜시스 로렌츠Francis Lorentz를 만나 제니스의 컴퓨터 사업을 매각하는 일을 마무리 지었다. 후에 로렌츠는 펄먼이 안도하는 듯했다고 진술했다. 펄먼은 제니스의 플라이휠이었던 컴퓨터 분야를 매각한 뒤 회사를 재건하려 했지만, 텔레비전 사업이 계속 적자를 내면서 사정을 악화시키는 바람에 결국 1995년에 CEO에서 물러났다.[150]

기업이 무너지는 근본 원인은 리더들이 바보 같은 결정을 했기 때문이 아니다. 제니스의 이야기가 보여주듯 아무리 똑똑하고 능력 있는 리더일지라도 1단계부터 4단계까지 거치며 현금이 계속 고갈되는 상황에서는 기업의 운명을 통제하기 어렵다. 펄먼 이후 제니스는 10년간 다섯 명의 CEO를 계속 갈아 치웠지만 결국 파산했고, 1988년에 3만 6,000명에 달하던 직원들은 400명 정도만 남아 생명을 근근히 이어가게 되었다. 20세기 중반만 해도 미국 기업 역사상 가장 위대한 성공 스토리 중 하나였던 제니스는 이제 위대했던 시절의 그림자만 간직한 채 껍데기만 남은 신세가 되고 말았다.[151]

죽음을 받아들일 것인가, 희망을 놓지 않을 것인가

모든 기업이 살아남을 가치가 있는 건 아니다. 위대한 기업에서 형편없는 기업으로 추락한 회사는 주주들에게 크게 해를 입히며 계속 생명을 부지하느니 차라리 사라지는 편이 사회적으로 더 낫다. 자원이 한정된 세계에서 조직이 영속하도록 보장해줄 수는 없는 노릇이므로 평범한 기업은 문을 닫거나 아니면 뛰어난 기업으로 바뀌어야 한다.

그렇다면 기업이 생존을 위해 계속 싸워야 할 때는 언제이고, 굴복하길 거부하더라도 사실상 존재 의미가 없어지는 때는 언제일까? 스콧페이퍼 이사회가 천천히 고통스럽게 죽음을 맞이하거나 처참하게 축소되는 대신, 기업의 독립을 포기하고 항복하기로 한 것은 현명한 결정인지도 모른다. 그리고 제니스는 빚이 그토록 늘어나기 전에 인수 의향이 있는 기업에게 일찍 항복했다면 더 나았을 것이다. "우리가 더 이상 존재하지 않게 될 경우 무엇을 잃을 것이며 사회에 어떤 해를 입힐 것인가?"라는 질문에 분명한 대답을 하지 못한다면 항복하는 것이 현명한 길이다. 하지만 핵심 가치를 지켜나가야 할 명확한 이유가 있다면 생존을 위해 싸우고 하락세를 되돌려 위대함으로 가는 길을 다시 밝혀야 한다.

투쟁의 포인트는 단순히 생존하는 것이 아니라 세상에 공헌할 수 있는 기업을 세우고 훌륭하게 운영해나가는 것이다. 다른 조직이 쉽게 대신할 수 없는 역할을 해나가야 한다는 말이다. 이를 위해 리더는 신념을 갖고 단순히 생존하겠다는 생각보다 더 큰 이유를 추구하며 길을 찾아나가야 한다. 그리고 그 목표를 달성해나가는 길이 아무리 힘들고 괴롭더라도 이겨내야 한다. 그런 리더야말로 어둠 속에서 길을 찾고 우리에게 근거 있는 희망을 주는 사람이다. 지금부터 그러한 리더십에 관해 살펴보자.

희망을 잃지 말아야 하는 이유

HOW THE MIGHTY FALL

몰락의 단계 너머

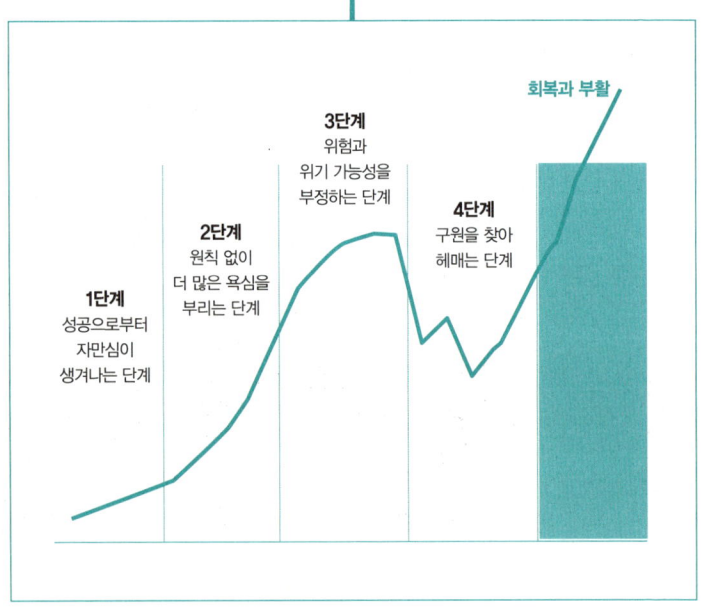

2001년 앤 멀케이Anne Mulcahy가 제록스의 CEO가 되었을 때, 회사는 이미 4단계의 수렁에 깊이 빠져 있었다. 적자는 2억 7,300만 달러에 달하고 제록스의 주식은 2년도 채 되지 않은 기간에만 92퍼센트나 떨어져 시가총액이 380억 달러 이상 줄어들었다. 부채 비율이 900퍼센트를 넘어서자 무디스는 제록스의 회사채 등급을 정크본드와 다름없는 수준으로 현저하게 낮추었다. 설상가상으로 증권거래위원회가 제록스의 회계장부를 조사하기 시작하면서 증권발행으로 자금을 조달할 길이 아예 막혀 버리고 말았다. 190억 달러의 부채에 보유 현금은 고작 1억 달러에 불과했던 당시 상황에 대해 멀케이는 "소름끼치는" 시기였다고 말했다.

멀케이가 CEO에 선임되기 전, 제록스는 디지털 시대에 맞춰 변화하려고 몸부림쳤다. 회장으로 남은 폴 알레어Paul Allaire는 CEO 자리에 IBM의 슈퍼스타 리처드 토먼Richard Thoman을 영입했다. 새로운 CEO의 영입 결정을 외부에 알리면서 알레어는 이렇게 호언장담했다.

"우리는 변화를 이끌어줄 사람을 찾았습니다."

하지만 리처드 토먼이 CEO 자리에 머문 기간은 고작 13개월에 불과했다.[152] 2000년 5월, 막 일본 출장 준비를 끝낸 멀케이는 알레어로부터 당장 사무실로 오라는 호출을 받았다. 변화의 시작이었다.

"나와 함께 협상을 좀 하도록 하세. 토먼이 나갔네. 내가 다시

CEO로 복귀할 예정인데 자네가 제록스의 사장 겸 COO를 맡아주었으면 하네. 만약 일 년 후에 사정이 나아지면 자네를 CEO로 임명하겠네."[153]

한번도 자신이 CEO가 되리라고 생각한 적이 없던 멀케이는 이와 같은 갑작스런 승진 제안에 깜짝 놀랐다.[154] 훗날 멀케이는 작가 케빈 매니Kevin Maney에게 당시 그녀가 느꼈던 솔직한 심정을 털어놓았다.

"아마도 이사회 멤버들이 의자에 기대앉아 '도대체 우리가 무슨 결정을 한 거지?'라고 말했을 것 같아요. 그들은 저를 아마 적극적으로 지지하지는 않았을 겁니다. 아마 최후의 선택이었을 거예요."[155]

완전히 내부 인사였던 그녀는 약 25년간 제록스의 영업부서와 인사부서에서 일했기 때문에 외부로부터 전혀 주목을 받지 못했다. 심지어 멀케이는 사장이 되기 이전에는 〈포천〉이 선정하는 '기업계에서 가장 영향력 있는 여성 50인'의 명단에 낀 적도 없었다.[156]

사람들은 몰락의 4단계에 빠진 회사가 겪는 악순환을 끊기 위해 멀케이가 제록스의 문화를 철저히 바꾸고 기업을 단기간에 개혁할 것이라고 생각했을지도 모른다. 하지만 그녀는 회사를 구하기 위해 기존의 문화를 철저히 버려야 한다는 사람들에게 반대로 응수했다.

"내가 그 문화 자체입니다. 내가 내 안에 있는 제록스의 문화를 어떻게 가져가야 할지 알지 못한다면 나는 적임자가 아닐 겁니다."[157]

멀케이에게 제록스의 문화는 곧 그녀 자신의 문제이기도 했다. 〈뉴스위크〉가 경영 스타일에 관해 묻는 인터뷰를 요청했지만 그녀는 거절했다.[158] 실제로 우리는 그녀가 CEO에 오른 이후부터 3년간 그녀를 다룬 기사를 고작 네 개밖에 찾을 수 없었다. 500대 기업의 CEO에 오른 여성이 그리 많지 않았음을 감안하면 상당히 적은 수치다.[159] 일부 전문가는 이 알려지지 않은 직원 출신 사장이, 그것도 제록스 문화가 유전자에 각인된 내부자가 기업을 살려내기는 어렵다고 회의적으로 전망했다.[160] 하지만 그것은 기우였다.

그 첫 번째 단서는 그녀가 애독한 캐롤라인 알렉산더 Caroline Alexander의 저서 《인듀어런스 The Endurance》에서 찾아볼 수 있다. 이 책은 남극대륙 모험에 나선 어니스트 섀클턴 Ernest Shackleton 이 1916년에 남극 빙하에 갇혀 배가 파손된 뒤 온갖 역경을 헤치고 자기 부하들을 구해낸 연대기다. 섀클턴은 구조의 손길을 찾기 위해 나머지 대원들은 남겨 두고 대원 다섯 명만 동반한 채 6미터짜리 구조선을 타고 1,300킬로미터에 달하는 사나운 바닷길을 항해했다.[161]

섀클턴에게 영감을 받은 멀케이는 2년간 주말에도 쉬지 않고 열심히 일했다.[162] 그녀는 자신이 과거에 일구었던 잉크젯프린터 분야를 포함해 여러 가지 사업 분야를 폐쇄했고, 비용 구조를 개혁해 25억 달러의 비용을 절감했다. 그러한 결정이 쉽지는 않았다. 훗날 그녀는 "퇴출당한 직원들에게는 미안했고 매우 가슴 아픈 일이었죠"라고 술회했다. 하지만 회사 전체가 재앙을 맞지 않으려면 불가피한 일이었다.[163]

자문을 맡은 사람들은 제록스에 파산의 그림자가 짙게 드리웠던 시절에 법정관리를 위한 파산 보호 신청인 '챕터 11'을 고려하라고 말했지만, 멀케이는 강철 같은 침묵으로 그것을 단호히 거절했다. 회사를 구하려면 R&D 비용을 삭감하라는 외부의 빗발치는 요구도 과감하게 거절했다. 오히려 기업이 다시 우뚝 서려면 뼈를 깎는 비용 삭감과 더불어 장기적인 투자를 해야 하고, 어려운 시절일수록 매출 대비 연구개발비 비율을 늘려가야 한다고 지속적으로 주장했다.

"직원들이 은퇴할 때까지 다니고 싶어 하는 직장, 자기 자녀들이 와서 일하도록 권할 수 있는 직장, 회사가 이룬 업적을 자랑스러워 할 수 있는 직장을 만드는 것이 내 바람입니다."[164]

2000년과 2001년에 제록스는 총 3억 6,700만 달러에 달하는 적자를 기록했다. 하지만 2006년에는 10억 달러 이상의 수익을 내며 건전한 재무제표를 공표했다. 2008년에는 〈최고경영자〉가 멀케이를 올해의 CEO로 선정했고 제록스는 과거 7년 내에 가장 강한 기업으로 변모했다. 물론 제록스가 앞으로도 계속 높은 성장세를 보일 것이라고 장담할 수는 없지만, 2000년대 초의 암담한 상황에 비해 크게 호전된 것만은 분명하다.[165]

불타는 승강장에서 살아남은 기업들

제록스, 뉴코, IBM, 텍사스인스트루먼트, 피트니보스Pitney Bowes, 노드스트롬, 디즈니, 보잉, HP, 머크의 공통점은 무엇일까? 이들은 모두 크게 몰락했다가 회복한 기업이다. 어떤 경우에는 이들이 작고 취약할 때 어려움이 찾아왔고, 또 어떤 경우에는 이들이 크고 견고한 기업일 때 위기가 찾아왔다. 그때마다 몰락으로 향하는 궤적을 부수고 단순히 생명을 이어가는 데 급급하지 않고, 온갖 역경을 무릅쓰며 궁극적인 승리를 쟁취해낸 리더들이 출현했다. 이들은 멀케이처럼 몰락을 변화의 기폭제로 활용했다. 길마틴의 후임으로 머크의 CEO에 오래 재임한 딕 클락Dick Clark은 조용히 말했다.

"위기는 헛되이 지나치지 않는 지독한 것이죠."[166]

> 만약 조직의 몰락이 통제할 수 없는 힘에 좌우된다면, 혹은 추락하는 기업들이 죽음으로 떨어지는 것을 막을 수 없다면 절망 속에서 손 놓고 있을 수밖에 없다. 하지만 우리의 결론은 1, 2, 3단계에서는 몰락을 충분히 되돌릴 수 있다는 것이다. 심지어 4단계에서도 몰락의 악순환에서 벗어날 수 있는 충분한 자원이 있고, 한 번에 하나씩 차근차근 행동한다면 되돌릴 수 있다.

아직 몰락하지 않았다면 위기의 징조가 있지 않은지 잘 살펴야 한다. 거스너의 철학을 되새겨보자. 올바른 리더는 좋은 시절이든 나쁜 시절이든, 혹은 위협에 직면하든 기회에 직면하든 항상 위기감을 느낀다. 그들은 가슴속에 활활 타오르는 석탄 덩어리를 품고 있는 것처럼 창의적인 충동과 진보를 향한 내적 욕구에 사로잡혀 있으면서도, 위협에 대면할 때나 그렇지 않을 때나 평정을 잃지 않는다.

위기가 아닐 때 이를 거짓으로 지어내고 기업이 마치 큰 화재로 곧 무너져 내릴 '불타는 승강장'에 서 있다고 소리치는 것은 냉소주의를 부른다. 그러나 올바른 리더는 속임수에 의존하지 않고 불타는 승강장에 서 있든 그렇지 않든 꾸준히 개선을 주도해 나간다.

이미 몰락하고 있다면, 진정으로 위기에 직면해 있다면 이리저리 구원을 찾아 헤매는 악순환에서 되도록 빨리 벗어나야 한다. 회복을 위해 가장 먼저 해야 할 일은 건전한 경영활동과 엄격한 전략적 사고로 돌아가는 것이다. 〈부록 6〉에는 몰락했다가 회복한 위대한 기업 3곳(IBM, 뉴코, 노드스트롬)의 사례가 소개되어 있다. 나는 그들의 회복을 '좋은 기업을 넘어 위대한 기업으로 가는 원칙'(〈부록 7〉에 요약)의 틀을 통해 살펴보았다. 만약 경영 원칙의 새로운 길을 찾고 있다면 피터 드러커, 마이클 포터, 에드워즈 데밍 Edwards Deming, 톰 피터스, 로버트 워터먼 등의 고전을 다시 살펴보길 바란다.

물론 당장은 상처 난 곳을 지혈하고 현금이 고갈되는 걸 막아야 하지만, 그것은 단순히 응급조치일 뿐 완전한 회복을 기대할

순 없다. 당신이 간과하고 있을지도 모르지만, 경영 원칙의 상실은 쇠퇴를 불러오고 반대로 회복은 기업의 부활과 상승을 가져온다.

그래도 한 가지 의문은 남는다. 20세기의 유명한 경제학자 조지프 슘페터Joseph Schumpeter가 말한 '끊임없이 몰아치는 창조적 파괴의 돌풍'은 어찌할 것인가? 그의 주장대로 기술의 변화와 새로운 비전으로 충만한 기업가들이 기존 질서를 뒤엎고 파괴해 새로운 질서를 만들며, 이것이 다시 더욱 새로운 질서로 대체된다면 그 끝없는 혼란과 격변의 사이클을 막을 수 없지 않은가?[167] 아마도 오늘날의 모든 조직은 이처럼 빠르고 크고 예측할 수 없는 혼란스러운 힘에 직면하고 있기 때문에 누구나 예외 없이 수년 혹은 수십 년 후에는 몰락할지도 모른다. 그렇다면 이러한 혼란 속에서도 우리는 여전히 몰락을 피할 수 있다고 주장할 수 있을 것인가?

이 책을 쓰는 동안 나는 동료인 모턴 핸슨과 함께 과거 6년간 진행해온 연구 프로젝트를 정리하며 빠르고 예측할 수 없는 환경 속에서 많은 기업이 쓰러지는 동안, 어떻게 일부 기업은 혹독한 환경에서도 미약한 기업에서 위대한 기업으로 성장했는지 살펴보았다.

다음과 같은 비유를 생각해보자. 에베레스트 산 초입의 베이스캠프에서 아침에 깨어났는데 마침 거대한 폭풍이 오고 있다고 하자. 그렇다면 아마도 폭풍이 지나갈 때까지 텐트 안에서 안전하게 머물 것이다. 하지만 8,000미터 상공의 위태로운 산 경사면에 있는데 거센 폭풍이 점점 빠르게 다가오고 있다면 상황은 가혹하고 불확실하며 통제 불가능해져 목숨을 잃을 수도 있다. 오늘날 어떤 분야든 대부분의 리더는 점점 더 혼란스럽고 가혹해지는 환경 속에서 자신이 더 높은 곳으로 오르는 등반가 같다고 생각한다.

모턴 핸슨과의 연구는 혼란스러운 세상에서 성공하는 데 필요한 원칙과 전략에 대한 이해의 폭을 넓혀주었다. 그중 기업의 몰락과 직접 관련이 있는 핵심 결론 하나를 소개하고자 한다. 세계가 통제 불가능하게 돌아가고 외부의 혼란이 계획을 엉망으로 만들어 놓을 듯 위협하는 때도 우리의 운명은 여전히 우리 손에 달려 있을까? 아니면 창조적 파괴가 우리를 휩쓰는 걸 그냥 받아들여야 하고 아무리 대단해 보이는 성공도 오래 지속되지 못하고 잠시 지나가는 것일 뿐일까?

조사 결과, 아무리 혼란스럽고 불확실하고 변화무쌍한 환경 속에서도 수십 년간, 어쩌면 그보다 오랫동안 뛰어난 실적을 지속해나가는 위대한 조직을 만드는 것은 가능하다. 위대한 기업을 만들어가는 원칙을 계속 실행하면 가혹한 혼란의 상황이 오히려 기회가 될 수도 있다. 끈질긴 생명력을 갖추지 못한 기업들을 앞설 수 있기 때문이다.

하지만 이것만은 주의해야 한다. 혼란스러운 시대에 몰락의 단계에 접어들면 추락 속도는 안정적일 때보다 더욱 빠르고 격

렬해진다. 자만, 욕심, 위험 신호 부정, 빨리 회복하려고 서두르는 행동 등 몰락의 단계를 빠르게 거친다는 말이다. 2008년에 미국의 일부 거대 금융기업이 그야말로 하룻밤 사이에 사라져간 것은, 혼란의 시대에는 강한 기업도 순식간에 몰락할 수 있다는 사실을 증명한다. 만약 당신의 기업이 몰락의 길에 접어들었다면 빨리 견실한 경영 원칙으로 돌아가야만 한다. 그것도 지금 당장 말이다! 당신의 기업이 아직 강하다면 몰락의 징후가 없는지 예의주시해야 한다. 무엇보다 성공의 시기 뒤에는 통제할 수 없는 외부의 힘에 의해 몰락과 멸망이 뒤따라온다는 생각에 사로잡혀서는 안 된다.

비슷한 환경 속에 있는 기업들을 선별해 성공적인 결과와 그렇지 못한 결과를 낸 사례를 비교·연구하면서, 중요한 사실을 깨달았다. 환경 그 자체만으로는 아무런 결과도 만들어내지 못한다. 물론 예기치 않은 참사는 언제든 일어날 수 있으며 100퍼센트 보장이란 있을 수 없다. 아무리 건강하고 뛰어난 운동선수라 하더라도 어느 날 갑자기 치명적인 질병에 걸리거나 더 이상 선수생활을 할 수 없는 사고를 당할 수도 있다. 그렇더라도 우리의 연구 결과는 다음과 같은 사실을 웅변한다. 우리는 환경, 재난, 과거, 실수, 때로 겪게 되는 충격적인 실패에 전적으로 구속되지 않는다. 우리는 자유 의지로 운명을 선택해나갈 수 있다.

> 정말로 위대한 조직과 단순히 성공적인 조직의 차이는 어려움을 겪느냐 겪지 않느냐에 있는 것이 아니라, 어려움 혹은 재난을 당한 뒤 다시 되살아나고 이전보다 더 강해질 수 있느냐에 달려 있다. 위대한 국가는 몰락하더라도 부활할 수 있다. 위대한 기업은 몰락하더라도 다시 일어설 수 있다. 위대한 사회단체 역시 몰락했다가도 다시 일어선다. 위대한 개인도 무너졌다가 다시 살아난다. 철저히 무너져 게임에서 완전히 도태되지 않은 상태라면 항상 희망은 있다.

포기란 없다

누구에게나 살아가면서 피할 수 없는 어려움에 맞서 싸워나가기 위해서는 자신을 안내해줄 등불이 필요하다. 나는 윈스턴 처칠을 등불로 삼곤 했다. 1930년대 초반, 처칠의 경력은 전기 작가 버지니아 카울스Virginia Cowles의 표현대로 '아무도 헤어 나올 수 없을 것만 같은 수렁'에 빠져 들고 있었다. 그는 50대 후반으로 접어드는 나이에 뚱뚱했고 머리는 벗겨졌으며, 재무부장관 시절 영국을 금본위제Gold Standard(화폐의 가치를 금의 가치로 나타내는 화폐제도)로 되돌렸던 일 때문에 대공황 시기 재정 혼란에 대해 책임이 있다고 비난을 받았다. 여기에다 인도 자치에 반대하고 심지어 간디와 만나는 것조차 거부하는 바람에 자신이 몸담고 있던 당의 주류와 멀어져 결국 결별하게 되었다.

그에게는 제1차 세계대전 당시 아무런 소득 없이 21만 3,980명이 희생된 '갈리폴리의 비극'을 계획한 장본인이라는 꼬리표가 늘 붙어다녔다. 비록 다르다넬스위원회Dar-danelles Commission가 그에 대한 오명을 일부 벗겨주긴 했지만, 갈리폴리의 재난은 그에게 오점으로 남았다.

1929년 주식시장 붕괴로 처칠은 상당한 재산까지 잃었다. 그리고 1931년 12월 12일, 그는 런던에서처럼 왼쪽이 아닌 오른쪽을 쳐다보며 길을 건너다 뉴욕 5번가에서 교통사고를 당했다. 시속 100킬로미터로 달리던 차에 갑자기 받힌 그는 수 미터를 날아가 도로에 떨어졌다. 이 사고로 병원에 입원한 처칠은 회복하는 데 오랜 시간이 걸렸고, 심각한 우울증에 빠지기도 했다.[168]

윌리엄 맨체스터의 《마지막 사자The Last Lion》 시리즈 1편 끝에는 1932년 당시 처칠의 형편이 어떠했는지 잘 알 수 있는 대목이 나온다. 귀족 정치가로 처칠과 독설을 주고받은 것으로 유명한 애스터 부인Lady Astor이 소련을 방문했을 때 스탈린은 영국의 정세를 물었다. 애스터는 네빌 체임벌린Neville Chamberlain(이후 수상이 되지만 나치의 야욕에 대비하지 못한 이상주의적인 평화론자)이라는 유망주가 스타처럼 떠오르고 있다고 떠들어댔다.

"처칠은 어때요?"

스탈린이 물었다.

"처칠이요?"

애스터는 뜻밖의 질문에 눈이 동그래졌다. 그러고는 대수롭지 않다는 듯 코를 실룩이며 말했다.

"그는 끝났어요."[169]

하지만 8년 후인 1940년 6월, 히틀러의 기갑부대가 프랑스를 휩쓸던 때 처칠은 수상이 되어 의회에 등원했다. 당시 독일은 폴란드, 벨기에, 네덜란드, 노르웨이, 덴마크를 차례로 정복했다. 프랑스도 무너졌다. 영국인은 프랑스에 파견된 영국군이 참패해 됭케르크Dunkirk에서 필사적으로 탈출하는 모습을 보며 충격에 빠졌다. 많은 영국인과 대부분의 세계 지도자는 유럽 전체가 나치에게 굴복하는 수밖에 없다고 생각했다. 처칠의 라이벌들은 그가 히틀러와 평화협상을 해서 조건부 항복을 할 수밖에 없을 것이며 결국 정치적으로 몰락할 것이라고 예상했다.

하지만 그들의 예상은 빗나갔다. 평소에 잘 준비된 원고가 없으면 말을 잊어버릴까 두려워 원고를 손에 꽉 쥐고 연설하는 습관이 있던 처칠은 그날도 역시 원고를 손에 쥔 채 의원들을 노려보며 유명한 연설을 했다.

"우리는 결코 항복하지 않을 겁니다. 그런 일은 한 번도 생각해본 적 없지만, 만약 이 섬이나 섬의 대부분이 강점당하고 굶주림에 직면하더라도 대영제국은 투쟁을 계속할 것입니다. 그리하여 하느님이 주신 좋은 시절에 신세계가 엄청난 군사력과 경제력으로 구대륙을 구제하고 해방시키기 위해 앞으로 나설 때까지 우리는 투쟁을 계속할 것입니다."[170]

처칠은 악의 세력에 맞서 일어나자고 영국인에게 호소해 전쟁을 승리로 이끌었을 뿐 아니라 노벨문학상을 수상했다. 또한 일흔일곱 살에 다시 수상으로 취임했고 여왕에게 기사작위를 받았으며, 소련의 침략 야욕을 경고하는 '철의 장막'이라는 단어를 널리 퍼뜨리기도 했다.

영국의 상황이 심각했던 1941년에 그는 자신에게 아주 형편없는 점수를 주었던 모교 해로Harrow 고등학교에 졸업식 연설을 하러 갔다. 학교 교장은 졸업식 내내 졸고 있는 처칠을 걱정스레 바라보았다. 하지만 소개를 받자 그는 연단으로 가서 식장에 있는 소년들을 바라보며 인상 깊은 연설을 했다.

"여러분께 전하고 싶은 교훈은 이것입니다. 포기하지 마라. 포기하지 마라. 절대로! 절대로! 절대로! 절대로! 아무리 작은 일도, 아무리 하찮은 일이라도 명예와 현명한 판단에 의한 것이 아니면 절대로 포기하지 마라. 상대의 힘에 눌려 포기하지 마라. 상대가 아무리 압도적으로 우세한 힘을 가졌더라도 절대 포기하지 마라."[171]

절대 포기하지 말라. 기꺼이 전술을 변경할지언정 여러분의 핵심 목표는 절대 포기하지 말아야 한다. 실패한 사업 아이디어는 죽이고 심지어 오래 지속했던 큰 사업 분야도 때에 따라서는 문을 닫아야 하지만, 위대한 기업을 만들겠다는 생각만큼은 포기하지 말아야 한다. 완전히 다른 사업 포트폴리오, 심지어 지금하고 있는 사업과 하나도 겹치지 않는 사업 포트폴리오로 진화해나갈 때도 스스로 미래를 창조해나가는 원칙만은 포기하지 말아야 한다. 손실을 입고 고통을 참아내고 일시적으로 자유를 잃는 한이 있더라도 승리할 수 있다는 믿음만은 포기하지 말아야 한다. 과거의 적과 동맹을 맺을 수도 있고 필요하다면 타협할 수도 있지만 절대, 절대로 당신의 핵심 가치는 포기하지 말아야 한다.

  어둠에서 벗어나는 길은 포기할 줄 모르는 끈질김과 함께 시작된다. 패배로 비틀거리는 것(역사적으로 어려움을 이겨낸 기업과 사회 조직에도 일어났던 것처럼)과 그래도 끈질기게 싸워나갈 수 있는 열망과 가치를 포기하지 않는 것은 완전히 별개의 문제다. 실패는 물리적 상태보다 정신적 상태와 더 관련 깊은 단어다. 오르막이 있으면 내리막도 있는 법이지만, 그렇다고 끝은 아니다. 언제든 다시 올라갈 수 있다.

부록

HOW THE MIGHTY FALL

부록 1

몰락 기업 선정

몰락 기업에 관한 연구는 사전에 정의된 객관적인 기준에 근거해 후보 기업을 선정하는 방식으로 진행했다. 연구에 포함시키고 싶은 기업을 미리 정한 후, 몰락 기업의 패턴을 설명할 시기를 찾아내려 하지 않았다는 의미다. 그리고 개별 기업의 자료를 검토하기 전에 미리 선정 기준을 결정한 다음, 기준을 충족시키지 못하는 기업을 후보군에서 체계적으로 제외시켜 나갔다. 몰락 기업의 최종 목록을 만들기까지 어떤 단계를 거쳤는지 간단하게 요약하면 다음과 같다(주식 누적수익 계산은 시카고 대학 주가연구센터 CRSP: Center for Research in Security Prices의 자료를 근거로 했다. www.crsp.chicagobooth.edu.).

몰락 기업 후보

《좋은 기업을 넘어 위대한 기업으로》와 《성공하는 기업들의 8가지 습관》에서 다루었던 60개 기업이 후보 기업이다.

3M	A&P	애보트랩 Abbot Labs
어드레서그래프 Addressograph	아메리칸익스프레스 American Express	에임스 Ames
뱅크오브아메리카 Bank of America	베들레헴스틸 Bethlehem Steel	보잉 Boeing
브리스톨-마이어스 스퀴브 Bristol-Myers Squibb	버로 Burroughs	체이스맨해튼 Chase Manhattan
크라이슬러 Chrysler	서킷시티 Circuit City	시티코프 Citicorp
콜게이트 Colgate	컬럼비아픽처스 Columbia Pictures	에커드 Eckerd
패니메이 Fannie Mae	포드 Ford	GE
질레트 Gillette	GM	그레이트웨스턴 Great Western
해리스 Harris	하스브로 Hasbro	휴렛팩커드 Hewlett-Packard
하워드존슨 Howard Johnson	IBM	존슨앤드존슨 Johnson & Johnson
켄우드 Kenwood	킴벌리클락 Kimberly-Clark	크로거 Kroger
메리어트 Marriott	맥도넬더글러스 McDonnell Douglas	멜빌 Melville
머크 Merck	모토로라 Motorola	노드스트롬 Nordstrom
노튼 Norton	뉴코 Nucor	화이자 Pfizer
필립모리스 Philip Morris	피트니보스 Pitney Bowes	프록터앤드갬블 Procter & Gamble
RJ레이놀스 R.J. Reynolds	러버메이드 Rubbermaid	스콧페이퍼 Scott Paper
사일로 Silo	소니 Sony	텔레다인 Teledyne
텍사스인스트루먼트 Texas Instruments	업존 Upjohn	월그린 Walgreens
월마트 Wal-Mart	월트디즈니 Walt Disney	워너램버트 Warner-Lambert
웰스파고 Wells Fargo	웨스팅하우스 Westinghouse	제니스 Zenith

기준 1: 위대함을 이룬 기업

다음의 세 가지 기준 중에서 어느 하나에라도 해당되는 기업은 몰락 기업 후보군에 속한다.

a) 《성공하는 기업들의 8가지 습관》의 비전 기업과 《좋은 기업을 넘어 위대한 기업으로》의 위대한 기업이 후보가 된다.

b) 《성공하는 기업들의 8가지 습관》과 《좋은 기업을 넘어 위대한 기업으로》에서 비교 그룹에 속했던 기업 중, 15년간 주식 누적수익이 한 번이라도 시장 평균의 3배를 넘어본 적 있는 기업은 후보가 된다. 주의할 점은 어느 특정 시점에 우리가 요구하는 성과 기준을 충족시키면 된다는 것이다. 특정 시점에 높은 성과를 거둔 기업이 나중에 몰락하기도 하고(이 책의 주제), 마찬가지로 평균 이하의 성과를 올리던 기업이 비약적인 발전을 이루어 예외적인 성과를 거두기도 한다(위대한 기업 연구의 주제). 단, 아래의 세 가지 경우는 제외한다.

예외 1) 다른 기업에 인수된 기업이 위의 조건을 만족시키지만, 15년 주식 누적수익이 시장 평균 3배 이상을 기록한 시점이 합병이 성사되기 직전 1년 이내 기간이라면 제외한다. 인수 합병을 기대한 투기 자본의 개입으로 주가가 비정상적으로 상승했을 가능성이 있기 때문이다.

예외 2) 15년 주식 누적수익 추세가 지속형이 아니라 V자형을 이루는 경우도 제외한다. V자형은 다음과 같은 기준으로 판단한다. (1) 15년간의 시장 평균 대비 해당 기업의 누적수익 증가율을 계산한다(값 1). (2) 초기 10년간의 시장 평균 대비 해당 기업의 누적수익 증가율을 계산한다(값 2). (3) 값 2를 값 1로 나누어 0.2 이하면 V자형에 해당한다. 아래의 표는 V자형 성장의 예다.

	예 1	예 2
초기 누적수익률	시장 평균의 1.0배	시장 평균의 1.0배
10년간 누적수익	시장 평균의 1.25배	시장 평균의 1.75배
15년간 누적수익	시장 평균의 4.0배	시장 평균의 3.1배
시장 대비 10년간 누적수익 증가율(값 2)	25%	75%
시장 대비 15년간 누적수익 증가율(값 1)	300%	210%
값 2 ÷ 값 1	0.08	0.36
V자형 판단	V자형	V자형 아님

예외 3) 15년 주식 누적수익이 마이너스인 해가 더 많으면 제외한다.

c) 《성공하는 기업들의 8가지 습관》과 《좋은 기업을 넘어 위대한 기업으로》의 비교 기업 중에서 가장 성과가 좋았던 기간의 주식수익률을 판단할 수 있는 충분한 자료를 구하지 못한 경우에는 CRSP 자료 수준의 설득력 있는 다른 자

료에 의존했다. 그러한 증거는 크게 다음 세 가지다. (1) 그 산업에서 가장 큰 성공을 이루었고 가장 규모가 큰 기업이라는 것을 증명해주는 재무 자료, (2) 성공을 거둔 기간에 산업 전체의 발전에 큰 기여를 했다고 판단할 수 있는 자료, (3) 적어도 20년간 지속적으로 큰 성과를 올렸거나 중대한 기여를 한 것으로 판단할 수 있는 자료.

1단계 심사에서 제외된 기업은 체이스맨해튼, 컬럼비아픽처스, 그레이트웨스턴, 하워드존슨, 켄우드, 노튼, 사일로, RJ레이놀즈, 업존이다.

기준 2: 몰락 징조가 발견되는 위대한 기업

〈기준 1〉을 통과한 기업들은 다음 두 가지 기준 중에서 어느 하나에라도 해당되면 몰락 기업 후보군에 남게 된다.

a) 《성공하는 기업들의 8가지 습관》의 비전 기업과 《좋은 기업을 넘어 위대한 기업으로》의 위대한 기업들 중 1995년부터 2005년까지 하향 변곡점 negative inflection 을 그리는 기업이 후보군에 남는다. 하향 변곡점 판단은 1995년 1월부터 2005년 1월까지의 주식 누적수익이 시장 평균 0.8배 이하인 것을 기준으로 한다.

b) 《성공하는 기업들의 8가지 습관》과 《좋은 기업을 넘어 위대한 기업으로》의 비교 기업 중 10년을 기준으로 주식 누적수익이 시장 평균의 0.8배 이하이며(10년 이하의 기간에 쇠퇴가 진행되다가 인수되거나 파산했으면 인수 혹은 파산 시점까지를 기준으로), 이후 15년간 시장 평균의 3배 이상이라는 기준을 다시 달성하지 못한 기업이 포함된다.

2단계 심사에서 탈락한 기업은 3M, 애보트랩, 아메리칸익스프레스, 보잉, 크라이슬러, 시티코프, 콜게이트, 패니메이, 포드, GM, 질레트, 해리스, IBM, 존슨앤드존슨, 킴벌리클락, 크로거, 메리어트, 노드스트롬, 화이자, 필립모리스, 피트니보스, P&G, 텍사스인스트루먼트, 월그린, 월마트, 워너램버트, 웰스파고다.

기준 3: 기타 제외 기준들

산업 효과ㅣ 기업의 성과 추세가 산업 전반에 걸쳐 나타났다고 판단되면 제외한다.

창업자 효과ㅣ 기업의 성장이 한 사람의 창업자가 재임하는 기간에만 나타나고, 퇴임 이후 1년 이내에 쇠퇴 조짐이 지속적으로 드러나면 제외한다.

1950년 이전의 성공ㅣ 비약적인 성장이 1950년 이전에 끝났고 성장과 쇠퇴의 오랜 역사를 정밀하게 검토할 수 있는 자료가 충분하지 않으면 제외한다.

만성적인 쇠퇴의 조짐 ┃ 눈에 띄는 발전 이전에 수십 년에 걸쳐 쇠퇴의 조짐이 빈번하게 발견되어 몰락 직전의 위대한 기업일 가능성이 의심된다면 제외한다.

3단계 심사에서 탈락한 기업은 베들레헴스틸, 브리스톨-마이어스 스퀴브, 버로, 에커드, GM, 하스브로, 맥도넬더글러스, 멜빌, 뉴코, 소니, 텔레다인, 월트디즈니, 웨스팅하우스다.

최종 선정된 몰락 기업

기업 명	몰락 기간	기업 역사
A&P	1950~1970년대	1859~1998
어드레서그래프	1960~1980년대	1896~1998
에임스	1980~1990년대	1958~2002
뱅크오브아메리카	1970~1980년대	1904~1998
서킷시티	1990~2000년대	1949~2008
HP	1990~2000년대	1937~2008
머크	1990~2000년대	1891~2008
모토로라	1990~2000년대	1927~2008
러버메이드	1980~1990년대	1920~1998
스콧페이퍼	1960~1990년대	1879~1995
제니스	1960~1980년대	1923~2000

부록 2
성공 비교 기업 선정

우리가 수행한 연구의 기초는 성공한 기업과 그렇지 못한 기업을 비교 분석하는 것이다. 이를 위해 몰락 기업과 직접 비교 가능한 성공 기업을 선정하는 비교 방법론을 채택했다. 그리고 최종적으로 선정된 몰락 기업이 하향 변곡점을 그리는 동안 예외적인 성과를 거두었거나 또는 성공을 지속시키고 있는 기업들을 선정했다.

6개 기업에 대해서는 이전 연구에서 선정한 비교 기업을 그대로 사용한다(A&P-크로거, 어드레서그래프-피트니보스, 에임스-월마트, 뱅크오브아메리카-웰스파고, 스콧페이퍼-킴벌리클락, 제니스-모토로라). 나머지 5개 기업은 먼저 비교 대상 시점에 동일 산업 또는 유사한 산업에서 후보 기업들을 찾았다. 서킷시티, HP, 머크, 모토로라의 비교 대상 기간은 1995년, 러버메이드는 1992년이다.

후보군 선정의 기초가 된 자료는 표준산업분류표Standard Industrial Classification, 각종 재무보고서, 후버보고서, 무디스보고서, 포천 랭킹, 기타 기사들이다. 선정된 후보 기업에 다음 여섯 가지 기준으로 구성된 점수표를 만들었다.

사업 적합성 | 성공 비교 기업은 비교 시점에 몰락 기업과 유사한 산업에 속해 있어야 한다. 유사성의 정도를 판단하기 위해 객관적인 기준을 만들어 개별 기업들을 검증했고 4점에서 1점까지 점수를 매겼다.

규모 적합성 | 성공 비교 기업은 몰락 기업과 규모가 유사해야 한다. 총수입을 기준으로 성공 비교 기업의 상대적 규모를 계산했다.
- 4점: 몰락 기업 대비 총수입 비율이 0.8~1.25
- 3점: 몰락 기업 대비 총수입 비율이 0.6~0.8 또는 1.25~1.67
- 2점: 몰락 기업 대비 총수입 비율이 0.4~0.6 또는 1.67~2.5
- 1점: 몰락 기업 대비 총수입 비율이 0.4 미만 또는 2.5 초과

연령 적합성 | 성공 비교 기업은 몰락 기업과 연령이 비슷해야 한다.

- 4점: 상대적인 연령 값이 0.9~1.11 또는 두 기업이 모두 1950년 이전에 설립
- 3점: 상대적인 연령 값이 0.75~0.9 또는 1.11~1.33
- 2점: 상대적인 연령 값이 0.5~0.75 또는 1.33~2
- 1점: 상대적인 연령 값이 0.5 미만 또는 2 초과

성과 적합성 | 성공 비교 기업과 몰락 기업의 비교 시점 이전 10년간의 주식 누적수익률이 유사해야 한다.

- 4점: 주식 누적수익률의 차이가 0~10%
- 3점: 주식 누적수익률의 차이가 10~25%
- 2점: 주식 누적수익률의 차이가 25~50%
- 1점: 주식 누적수익률의 차이가 50% 초과

성과 차이 | 비교 시점 이후 10년간 성공 비교 기업은 몰락 기업에 비해 높은 성과를 올려야 한다. 몰락 기업 대비 성공 비교 기업의 주식 누적수익률을 기준으로 한다.

- 4점: 성공 비교 기업의 주식 누적수익률이 3배 이상
- 3점: 성공 비교 기업의 주식 누적수익률이 2~3배
- 2점: 성공 비교 기업의 주식 누적수익률이 1.5~2배
- 1점: 성공 비교 기업의 주식 누적수익률이 1~1.5배

성공 비교 기업의 주식 누적수익률이 몰락 기업보다 작은 경우는 당연히 제외된다.

위대함 검증 ı 성공 비교 기업이 비교 시점 이후 10년간 현저하게 큰 성과를 창출하고 높은 명성을 획득한 경우 위대함의 조건을 충족시켰다고 본다. 시장 평균 대비 성공 비교 기업의 주식 누적수익률을 계산한 후 4점을 기준으로 0.5점씩 차감한다.

- 4점: 시장 평균의 2.5배 이상
- 3.5점: 시장 평균의 2~2.5배
- 3점: 시장 평균의 1.5~2배
- 2.5점: 시장 평균의 1~1.5배
- 2점: 시장 평균의 0.8~1배

성공 비교 기업의 주식 누적수익률이 시장 평균 대비 0.8배 이하인 경우에는 자동적으로 제외한다.

위 점수에서 비교 대상 시점을 포함해 이후 10년간 〈포천〉이 선정하는 '가장 존경받는 기업'의 순위를 기준으로 다시 점수를 차감한다. 산업에서 1위를 차지하면 점수 차감이 없고, 2위 또는 3위를 차지하면 0.5점을 차감한다. 4위 이하를 차지하면 1점을 차감한다.

서킷시티의 성공 비교 기업 후보

베스트바이	18.5
월마트	14.0
라디오색 Radio Shack	11.0

HP의 성공 비교 기업 후보

IBM	15.5*
텍사스인스트루먼트	15.5*
델	13.5
애플	11.0
인텔	10.5
선마이크로시스템	9.5

* IBM이 사업 적합성 기준에서 점수가 높아 최종 선정

머크의 성공 비교 기업 후보

존슨앤드존슨	19.0
화이자	17.0
애보트랩	16.0
엘리릴리 Eli Lilly	16.0
위스 Wyeth	15.5
셰링플라우 Schering Plough	14.0

모토로라의 성공 비교 기업 후보

텍사스인스트루먼트	17.5
IBM	15.0
GE	14.5
인텔	14.5
해리스	14.0
어플라이드머티리얼즈 Applied Materials	11.0
시스코	11.0
에머슨 Emerson	10.5

러버메이드를 제외한 모든 몰락 기업과 관련해 매우 강력한 성공 비교 기업을 찾을 수 있었다. 러버메이드도 처음에는 26개의 후보가 있었다. 그러나 사업 적합성과 연령 적합성이 충족되지 않거나 공개된 정보가 부족해 성과 판단이 불가능했고, 혹은 성과가 너무 낮아 성공 비교 기업으로 선정하기에 적합하지 않았다. 최종 결과는 182쪽의 표와 같다. 한때는 몰락 기업과 비교되는 성공 기업이었지만(1970년대 제니스의 성공 비교 기업인 모토로라), 1990년대 들어 몰락 기업으로 전락한 사례가 발견된다는 점이 매우 흥미롭다. 영속적인 성공을 보장하는 것은 어디에도 없다.

몰락 기업	성공 기업
A&P	크로거
어드레서그래프	피트니보스
에임스	월마트
뱅크오브아메리카	웰스파고
서킷시티	베스트바이
HP	IBM
머크	존슨앤드존슨
모토로라	텍사스인스트루먼트
러버메이드	-
스콧페이퍼	킴벌리클락
제니스	모토로라

부록 3

패니메이와 2008년 금융위기

　패니메이는 1980년대 데이비드 맥스웰David Maxwell의 재임 기간에 이룬 비약적인 성공 때문에 《좋은 기업을 넘어 위대한 기업으로》에서 위대한 기업으로 선정되었다. 국책기관으로 출발한 터라 관료주의 성향이 짙었던 패니메이는 맥스웰의 리더십 아래 자본시장에서 상당히 영향력 있는 기업 중 하나로 탈바꿈했고, 시장 평균을 훨씬 뛰어넘는 주식 누적수익률을 기록했다. 1969~1999년의 30년간 누적수익률을 바탕으로 분석한 결과는 위대한 기업의 모습을 그대로 보여주고 있다.

　그러나 패니메이는 불행하게도 2000년대 들어 정반대의 길을 걷기 시작했다. 위대한 기업에서 그저 그런 괜찮은 기업으로, 그리고 결국 사라질 위기에 처했다. 앞에서 설명한 것처럼 2005년 몰락 기업의 사례를 선정하던 연구 초기에는 패니메이가 우리의 기준에 부합되지 않아 분석 대상에 포함시키지 않았다. 연구 후반부에 이르러 한때 위대한 기업이던 패니메이가 연일 뉴스 기사를 장식하자, 마음을 바꿔 몰락 기업에 포함시킬까도 생각했지만 부록에서 간단히 언급하는 것이 낫겠다는 결론을 내렸다.

2008년, 패니메이를 비롯해 여러 금융기관의 몰락을 검토하는 내내 내 머릿속에는 영화 〈타이태닉〉의 한 장면이 떠올랐다. 침몰의 순간이 시시각각 다가오는 상황에서도 타이태닉을 소유한 화이트스타라인White Star Line의 브루스 이스메이Bruce Ismay 사장은 현실을 받아들이지 못했다.

"타이태닉은 절대 침몰하지 않을 거요."

그러자 설계자인 토머스 앤드류Thomas Andrews가 말한다.

"타이태닉도 쇠로 만들어졌어요. 이는 침몰할 수 있다는 말입니다."

주택시장의 거품이 꺼지자 주요 금융기관의 중역들은 타이태닉의 선주처럼 자신에게 닥친 끔찍한 현실을 믿지 않으려고 했다. 패니메이의 경영진 역시 자신들이 위험해질 수 있음을 전혀 염두에 두지 않았다는 사실이 여러 자료에서 드러났다. 그러나 2008년 9월 대규모의 정부 구제금융이 결정되었고, 패니메이는 이제 법적으로 파산 상태나 다를 바 없다.[172] 2007년 10월 31일 57달러였던 주가는 1년 후 93센트로 폭락했다.[173]

패니메이의 CEO는 〈뉴욕타임스〉의 기사에서 당시만 해도 무슨 일이 일어날지 아무도 예측하지 못했기 때문에 유독 패니메이에게만 비난을 퍼붓는 것은 공정하지 못하다고 말했다.[174] 패니메이의 쌍둥이 형제 프레디맥Freddie Mac과 시티그룹Citigroup을 비롯한 대부분의 금융기관이 주택시장 과열과 서브프라임 모기지 사태로 타격을 받았다. 시티그룹의 CEO 비크람 팬디트Vikram Pandit도 2008년 11월 찰리 로즈 쇼에 출연해 비슷한 입장을 밝혔다. 그는 "트리플 A등급의 채권이 휴지조각이 되는 걸 몇 번이나 보셨습니까?"라고 과장해서 질문했고, 제아무리 뛰어난 금융권의 위기관리 시스템일지라도 아직 현실화하지 않은 시나리오를 설명할 수는 없다는 주장을 덧붙였다.

"요즘같이 복잡하고 불확실한 환경 속에서 어떤 기업, 대체 어떤 기업이 금융 시스템 스트레스 테스트(예외적이지만 발생 가능한 외부 충격에 대해 금융 회사들의 잠재적 손실을 측정하는 프로그램)를 통과할 수 있겠습니까!"[175]

두 사람의 주장대로라면 패니메이는 금융 산업 전반에 몰아닥친 파국 때문에 쓰러졌고, 기업 내부에는 아무런 문제가 없었다는 말이 된다. 하지만 우리가 조사한 바에 따르면 2000년 들어 패니메이는 이미 몰락의 3단계(1단계: 성공으로 인한 자만, 2단계: 원칙 없는 성장 추구, 3단계: 위험 경고 무시)를 밟고 있었고, 이 상황은 2008년 금융위기까지 계속 이어졌다.

1980년대 패니메이를 이끌던 맥스웰은 고집스럽게 겸양을 추구하는 문화를 조직에 정착시켰다. 그러나 2000년대 초반에는 놀랄 만한 성공과 내 집 마련이라는 아메리칸드림을 현실화한다는 사명감을 맹목적으로 정당화시키면서 거만하다는 비난을 받기 시작했다.[176] 패니메이는 체계적인 조직 운영 시스템, 특히 위기관리 역량에 대한 자부심이 강했지만, 조직 내부와 월스트리트 투자자들로부터 더 많은 성장을 요구받았고 정부 또한 저소득층 주택 자금 대출을 늘리도록 압력을 가했다.[177] 2001년 연차보고서에서 패니메이는 2003년을 목표로 주당 영업이익 2배 증가, 즉 15퍼센트의 연성장률을 의미하는 5개년 계획을 진행 중이라고 발표했다(당시 주택 담보 시장의 성장률은 7~10퍼센트였다).[178] 목표를 달성한 패니메이는 더 큰 성장과 성공을 향해 질주하는 것처럼 보였지만, 곧 회계부정 스캔들이라는 암초에 걸리고 말았다.[179]

2004년 9월, 연방주택기업감독청 Office of Federal Housing Enterprise Oversight 은 패니메이가 미국 회계기준 Generally Accepted Accounting Principles 을 어기고 수익변동성을 축소시켰다는 조사보고서를 발표했다.[180] 물론 패니메이는 위기를 넘겼지만 비용을 치러야 했다. 2006년 연차보고서에는 다음과 같은 내용이 나온다.

"회사는 연방주택기업감독청의 특별조사와 증권거래위원회 Security And Exchange Commission 의 조사에서 제기된 문제를 해결하는 차원에서 포괄적인 결의안을 수용했다. 그리고 연방주택기업감독청의 조정 명령에 따르기로 했다. 정부 당국이 발표한 위반 행위, 명시적 혹은 암시적으로 제시한 조사 결과 그리고 조정 명령의 논거들을 인정하는 것은 아니며 부인하지도 않겠다. 또한 2002년 제정된 사바네스-옥슬리 법안Sarbanes-Oxley Act의 '투자자를 위한 공정기금Fair Funds for Investors' 조항에 따라 3억 5,000만 달러를 증권거래위원회에 납부해 특정 주주들에게 배당하도록 하고 5,000만 달러는 재무성에 납부하는 등 총 4억 달러의 벌금을 내기로 동의했다."[181]

벌금보다 더 치명적인 손해는, 회계 부정 조사에서 허우적대는 바람에 성장 동력을 잃어버린 것이다. 상처투성이가 된 모기지 업계의 거인이 회계 부정 사건에서 빠져나오자 이번에는 주택시장 거품과 컨트리와이드Countrywide, 리먼브러더스, 베어스턴스 같은 공격적인 경쟁자의 위협이 닥쳤다.[182] 다른 기업에 비해 정도는 덜했지만, 패니메이는 서브프라임 모기지를 확대해나갔다.[183] 한 임원은 〈뉴욕타임스〉와의 인터뷰에서 이렇게 털어놓았다.

"모두들 이전 같으면 거부했을 조건에 대해서도 대출을 허용하고 있고, 또한 너무 적은 담보를 요구한다고 생각했습니다. 그러나 우리의 원칙은 언제나 상황에 적합한 기준을 유지하고 저소득층을 위해 일하는 것입니다. 원칙대로 하고 있었던 겁니다."[184]

주택 거품이 꺼지자 패니메이는 2008년 1/4분기에 22조 달러, 2/4분기에 23조 달러의 엄청난 적자를 기록했다. 미국 금융 시스템의 전멸을 막기 위해 정부는 2010년까지 패니메이와 프레디맥을 구조조정한다는 계획과 함께 대대적인 공적 자금을 쏟아

부었다.[185]

우리는 패니메이의 사례를 통해 몇 가지 교훈을 얻을 수 있다.

- 금융기관은 몰락의 3, 4, 5단계에서 특히 위험하다. 차입금 비중이 매우 높기 때문에 상대적으로 아주 작은 손실도 걷잡을 수 없는 피해를 가져올 수 있다. 비우량 대출이 일으킨 쇠퇴의 소용돌이에 빠진 금융기관은 구제할 틈도 없이 몰락의 3단계에서 5단계로 직행한다.
- 몰락의 단계를 밟기 시작한 기업은 격변하는 환경에 극도로 취약하다. 2008년 금융위기가 발생하지 않았다면, 혹은 그렇게 심각하지 않았다면 패니메이는 쇠퇴의 항로를 되돌려 스스로 다시 위대한 기업의 자리에 올랐을 수도 있다. 그러나 2008년 9월의 참사는 그 기회를 앗아갔다.
- 몰락의 단계, 즉 성공으로 인한 자만, 원칙 없는 성장 추구, 위험 경고 무시, 구원을 찾아 헤매는("정부여, 우리를 구하소서!") 것은 개별 기업뿐 아니라 금융 서비스, 자동차 산업 등 산업 전체에 그대로 적용된다. 그렇다고 모든 기업이 산업 전체의 운명에 귀속되는 것은 아니다. 2008년의 위기 속에서도 분명 살아남은 기업이 있으며, 어떤 기업은 격동의 한가운데에서 경쟁자보다 우위에 서는 기회를 움켜잡았다.
- 마지막으로 과도한 열정이 불러올 수 있는 자만을 조심해

야 한다. 《성공하는 기업들의 8가지 습관》에서 제리 포라스와 나는 영속적인 위대한 기업은 시간의 흐름에도 변치 않는 핵심 가치를 고수하고 수익을 올리는 것 이상의 기업 목적을 추구하는 데 매우 열정적이라는 점을 발견했다. 그러나 이 경우에도 주의 깊게 살펴야 할 위험 요소가 존재한다. 자신들이 추구하는 가치와 목적에 지나치게 정당성을 부여하면("우리는 훌륭한 일을 하고 있어") 몰락의 1단계에서 3단계에 이르는 위기 상황을 악화시킬 수 있다. 내 집 마련이라는 아메리칸드림을 가능한 많은 미국인이 이룰 수 있도록 해야 한다는 패니메이의 맹목적인 열정은 오만함, 성장 추구, 나아가 위험 수준 증가를 불러왔다. 숭고한 대의명분과 적합하고 현명한 실천을 구분하지 못하면("숭고한 대의명분을 이루고자 하는 것이므로 우리의 결정은 올바르고 현명한 것이야!") 길을 잃기 쉽다. 좋은 의도로 이루어졌다 해도 나쁜 결정은 어디까지나 나쁜 결정이다.

부록 4-A

현실 안주 때문에 기업이 몰락한다는 가설을 뒤집는 증거들

위대한 기업들이 아무리 활발하게 도전적으로 활동하더라도 실패할 수 있다는 사실을 설명하고, 위대한 기업의 실패는 현실에 안주했기 때문이라는 가설에 반박하고자 한다. 곧 확인하겠지만 분석 대상 11개 기업 중 10개 기업이 현실 안주와 정반대의 전략을 취했는데도 실패했다.

어드레서그래프의 몰락 2단계: 1956~1971년
- 제록스의 위협에 대응해 경쟁력을 확보하고자 찰스버닝 Charles Bruning 과 합병. 신제품 버닝 3000 실패.[186]

- 복제기와 복사기를 결합한 제품(AMCD-I) 개발. 양면 복사 불가능, 생산 공정의 문제, 자사 제품과의 경쟁을 이유로 시장에 선보이지 못함.
- 신제품 개발을 위한 긴급 계획에 착수해 3년간 무려 23개의 제품을 내놓음.[187]

에임스의 몰락 2단계: 1982~1988년

- 일련의 중요한 합병을 통해 규모 확장.
- 소도시, 지방 중심에서 대도시 중심으로 전략 전환, 공격적 활동.[188]
- 문구, 잡화, 수공예 전문매장 실험.
- 규모를 2배 이상 확장할 목적으로 자이레Zayre 인수.
- 1983년에서 1988년까지 5년간 매출 5배 증가.[189]

뱅크오브아메리카의 몰락 2단계: 1970~1979년

- 세계 시장 진출에 총력. 채 20개가 되지 않던 해외 지점이 1960년대에 90개로 증가. 1971년부터 1977년까지 해외 지점 자산 3배 이상 증가. 시장 확대를 위해 대출 권한 해외 지점에 위임.[190]
- 행동하는 CEO 클라우젠A. W. Clausen의 명언, "행동이 우리의 키워드가 되어야 합니다.…… 잘못된 결정은 실수로 여겨질 수 있지만 아예 결정하지 않는 것은 조직에 해가 되는 일입니다."[191]
- 고위험 고수익을 지향하는 벤처캐피털과 제휴해 소규모 첨단 기업에 직접 투자.[192]
- 1970년에서 1974년까지 총자산 2배 증가, 1974년에서 1979년까지 다시 2배 증가.[193]
- 뱅크아메리카드BankAmericard가 비자카드Visa card로 탈바꿈.[194]

- 1970년대 후반 고정 금리 모기지, 농가 대출, 건설 융자, 라틴아메리카와 아프리카의 고위험 국가에 대한 대출 현격하게 증가.[195]

서킷시티의 몰락 2단계: 1992~1997년

- 성장 지향. 2000년까지 매출 150억 달러 목표(1996년의 2배 이상). 2000년까지 800개 매장으로 규모 확대 기대(1997년에 비해 80퍼센트 성장).[196]
- 1992년부터 1997년까지 5년간 매출 2.7배 증가(28억 달러에서 77억 달러), 연평균 성장률 22퍼센트.
- 흥미로운 서비스인 카맥스 런칭에 몰두. 1997년에 매출 0에서 5억 1,000만 달러로 증가. 2002년까지 80개 이상의 매장으로 확장하려는 목표를 갖고 1997년에 4억 1,200만 달러 규모의 신주 발행.[197]
- 기존의 대여 방식과 유사하지만 반납할 필요가 없는 새로운 비디오 기술 디빅 개발 착수.[198]

HP의 몰락 2단계: 1992~1997년

- 1992년부터 1997년까지 5년 동안 매출 2.6배 증가(164억 달러에서 429억 달러), 1966년부터 1991년까지 25년 동안 평균 성장률보다 훨씬 빠른 성장세 기록.[199]
- 신제품 개발에 박차를 가함. 판매 제품 중 이전 2년간 개발된 신제품 비중이 1983년 30퍼센트에서 1993년 70퍼센트로 증가.[200]
- 1996년 GE, 존슨앤드존슨, 인텔을 제치고 〈포브스〉가 선정한 미국 최우수기업 Best Performing Company이 됨. 기사 제목은 '1995년 최고의 성과를 거둔 기업: 광란의 보이스카우트'[201]

- CEO였던 류 플랫이 현실 안주와의 전쟁을 선포하고 혁신을 위한 HP 천명("현실에 안주하는 것이 두려워 나는 밤에도 깨어 있습니다", "과거에 성공을 가져다준 것이 미래의 성공을 가져다주지는 않습니다"). 자기 파괴와 다시 태어남이 최선의 방어라고 믿음("인간의 본성에 반하는 것이지만 사업이 잘 돌아가고 있을 때 파괴해야 합니다", "내 임무는 건전한 편집증을 장려하는 환경을 유지하는 것입니다"[202]).
- 인텔의 방식을 따라 경쟁자들을 무참히 짓밟고 프린트 업계에서 독보적인 지위 획득. 경쟁자들이 이제 막 따라붙었을 때 더욱 향상된 제품을 출시하고, 기존 제품의 가격을 대폭 낮춰 경쟁자들을 철저하게 파괴함. 이러한 사이클을 아주 빠르게 되풀이함.[203]
- 베리폰Verifone을 인수해 전자상거래 시장에 진출.[204] 디지털 기기를 손쉽게 충전 장치에 연결시키는 '정보 설비information utility' 개념을 발전시키고 디지털 사진 분야에 진출.[205]

머크의 몰락 2단계: 1993~1998년

- 1993년 메드코 컨테인먼트 서비스Medco Containment Services, Inc.를 60억 달러(1992년 매출 97억 달러 근거)에 인수. 수익 창출에 악영향을 미치는 유통 과정을 통제하려는 목적에서 인수.[206]
- 최고 수준의 성장을 이루는 것을 최우선 사업 목표로 설정. 획기적인 신약 개발을 위한 기초 R&D 투자 확대, 의료기관 환자에게 투여되는 약품 확대, 주력 제약 제품에서의 수익성 유지를 통해 성장 달성.[207]
- 다른 제약회사보다 더 많은 신약 특허권을 보유해 기술 발전 유지.[208]
- 주요 질병 중심으로 제품과 시장 개발을 책임지는 '글로벌 사업전략팀'을 구성함으로써 조직에 중요한 변화를 일으킴.[209]

모토로라의 몰락 2단계 : 1990~1995년

- 5년마다 규모를 2배씩 늘리는 전략 추구.[210] 1990년에서 1995년까지 매출 110억에서 270억 달러로 증가.
- 트렌드를 앞서가는 선도적 지위 유지. 라디오, 휴대전화, 전자제품, 세계화, 미래를 내다본 중국 투자(1996년 기준 미국 기업 중 중국 투자 규모 최대).[211]
- 이리듐 위성통신 프로젝트 완료(1991년 독립된 유한책임회사로 분사).[212]
- 파워피시PowerPC의 마이크로프로세서 사업에 대규모로 투자해(IBM, 애플과 파트너십) 인텔에 도전.[213]
- 1991년 613개에서 1995년 1,016개로 특허 건수가 증가하는 등 높은 수준의 기술 혁신 달성.[214]
- "스스로 기존 사업을 구식으로 만들어버리는 회사"가 되겠다고 언급함.[215]
- 식스시그마를 선구적으로 도입, 제품 100만 개당 3.4개의 불량품을 목표로 한 최초의 회사.[216]
- 최고의 기술과 아이디어만이 승리한다는 것을 확실히 하기 위해 경쟁을 추종하는 문화 유도.[217]

러버메이드의 몰락 2단계 : 1980~1993년

- 1980년부터 1993년까지 매출은 6배 이상, 수익은 거의 15배 증가했으며 40분기 연속으로 수익 상승.[218]
- 1991년 매출액의 30퍼센트 이상을 이전 5년간 개발한 상품이 차지.[219] 1992년 365일 내내 하루에 평균 하나씩 신제품 개발.[220]

- 1990년대 초반 12~18개월마다 하나씩 새로운 세분 시장을 만드는 목표를 세움.[221]
- 성장과 자기 재발견 문화 정착("우리 스스로를 끊임없이 재발견해야 합니다."[222] "5년을 주기로 매출, 수익, 주당 순이익을 2배씩 증가시키는 것이 주요 성장 목표입니다"[223]).

스콧페이퍼의 몰락 2단계: 1962~1970년

- 새로운 성장을 이루기 위해 사업 다각화. 교과서 종이 제조업체, 플라스틱 코팅 회사, 정규 교육과정 훈련 교재 회사 인수. 1회용 종이 드레스나 졸업식 가운 등의 창의적인 아이디어로 1회용 제품 회사 설립. 이후 리조트, 풀장 주변 및 테라스용 가구 회사 설립.[224]
- 관리 모델이라는 큰 변화를 시도해 브랜드 매니저가 각 제품의 수익뿐 아니라 연구 개발, 제조, 광고, 영업을 모두 책임지게 함.
- 동시에 1960년대 초반에는 P&G의 위협에 공격적으로 대응하지 않음(전투 기질과는 거리가 먼 고상한 문화가 지배적).[225]

제니스의 몰락 2단계: 1966~1974년

- 1959년 미국 흑백텔레비전 시장에서 1위가 되겠다는 야심찬 목표 달성.[226]
- 1972년 컬러텔레비전 시장에서 1위가 되기 위해 RCA를 추월하겠다는 목표 달성.[227]
- 유료 텔레비전이라는 선도적인 아이디어에 모험을 걸었으나 시대를 20년 앞선 탓에 실패.[228]

- 1970년부터 1973년까지 생산 능력 확대를 위해 타이완, 홍콩, 멕시코 국경 근처, 기타 여러 곳에 공장 건립.[229]
- 거친 글로벌 경제 환경에서 경쟁우위에 서기 위해 미국 내 자동화 시설에 대규모 투자.[230]
- 새로운 기술을 재빨리 받아들이는 것으로 명성이 자자할 만큼 새로운 접근 방법이라는 것이 검증되면 공격적으로 채택.[231]

극단적인 현실 안주 사례
A&P의 몰락 2단계: 1958~1963년

- 변화에 저항하고 변화를 외면하는 고집 때문에 '은자의 왕국'으로 알려짐. "100년의 성공과 싸울 수는 없다"는 말이 회사 문화를 대변.[232]
- 창립자의 지분 40퍼센트가 하트퍼드재단으로 넘어가 많은 배당 요구. 1958년부터 1962년까지 발생한 기록적인 이익의 90퍼센트 이상을 배당으로 지불.[233]
- 경쟁자들에 비해 새로운 매장 확충에 대한 투자 부족. 1962년 기준으로 매장 수로 치면 전체 시장의 36퍼센트, 매장 규모로는 33퍼센트를 차지하지만, 상위 10개 업체의 총투자액에서 차지하는 비중은 18퍼센트.[234]
- 매장이 황폐해지는 것을 그대로 방치. 나중에 경쟁자들은 대형할인점으로 발전하는 대규모 매장 운영 방식에 투자한 반면 구시대 방식을 그대로 고수.[235]

부록 4-B

구원을 찾아 헤맨 기업들의 사례

A&P

1970년대 초반에 몰락이 시작되자 4,000개가 넘는 매장을 WEO Where Economy Originates 라는 새로운 형식의 매장으로 통합시키고, 시장점유율을 탈환하기 위해 가격을 비용 이하로 낮춤으로써(한 경쟁자가 "산업 전체를 혼란에 빠트리기 위한 필사적인 노력"이라고 부르는) 가격 전쟁에 불을 지폈다.[236] 외부에서 카리스마 넘치는 CEO를 영입했다. 텔레비전에서부터 빵, 우유, 맥주에 이르기까지 다양한 구색을 갖춘 복합 매장에 모험을 걸었다. 새로운 광고와 기업 이미지 캠페인을 시작했다. 수익 상태가 잠시 개선되었다가 다시 손실을 보기 시작했고, 손실은 점점 늘어나면서 대차대조표를 잠식했다. 비틀거리며 독일 기업의 투자와 외부 CEO를 포함한 외부 구원자에게 기댔다.[237]

어드레서그래프

1970년대 초, 신제품 실패로 수익성이 극도로 악화되자 거액의 보너스와 주식을 약속하고 허니웰Honeywell의 CEO를 영입했지만 쇠퇴 행로를 되돌리는 데는 실패했다. 이후 카리스마 강한 또 다른 외부 인사에게 의존해 대대적인 개혁의 길로 회사를 몰아넣었다. 구원자 전략에 희망을 걸고 미래전략 부서를 설치했다. 몇 년 후 한 임원은 이렇게 말했다. "그 전략은 1970년대 중반에 회사의 현 위치에서 15년 이후로 훌쩍 뛰어넘는 것을 의미했습니다. 하지만 계획대로 되지 않았어요."[238]

에임스

자이레 인수 이후 파산 보호를 신청했다. 새 CEO는 회사를 구하기 위해 구조조정 전문가들을 데리고 들어왔다. 파산에서 회복된 후 또 다른 CEO를 영입했고, 재임 첫해 연차보고서에서 "파산 보호 신청 이전 그리고 신청 기간 동안 에임스는 전통적인 고객들에게는 혼란을 일으켰을지도 모르는 다양한 마케팅 전략을 구사했습니다"라고 밝혔다. 2년이 지나기도 전에 CEO는 새로운 외부 인사로 교체되었고, 그는 기회 구매와 지역 소비자 마케팅을 펼쳤다. 일례로 일별 최저가 상품 전략 대신 '55 골드Gold', '가득 담아 흥정하기Bargains by Bagful'와 같은 슬로건을 내걸어 고객의 눈길을 사로잡는 프로그램을 도입하는 등 큰 변화를 시도했다. 1998년 힐스 백화점Hills Department Store을 인수해 하룻밤 사이에 회사 규모가 2배가 되었지만, 채 4년도 되지 않아 회사를 청산했다.[239]

뱅크오브아메리카

1980년대 중반 흔들리는 모습이 눈에 띄기 시작했다. 조직 문화 전문가들로부터 컨설팅을 받았고 2,000명의 직원을 〈포브스〉가 표현한 "일련의 집단 감수성 프로그램"에 참여시켰다. 〈뱅커매거진Banker Magazine〉의 기사대로라면 "회사의 철학, 전술, 전략, 지역 우선순위를 재조정하는 …… 광범위한 프로그램"이었다. 정보화 사회가 요구하는 신기술 개발을 위해 50억 달러 규모의 프로젝트를 진행했다. 50년 만에 처음으로 배당을 축소했다. CEO가 사임하자 이사회는 은퇴한 전 CEO를 다시 불러들였고, 그는 전면적인 변화를 위해 웰스파고의 임원들을 데리고 들어왔다.[240]

서킷시티

매출 감소세를 해결하기 위해 2002년 '우리가 당신 곁에 있습니다We're with you'라는 새로운 슬로건으로 대대적인 마케팅 캠페인을 진행했다. 2003년 초 위탁 판매를 모두 없애는 과감한 변화를 추진해 경험 많고 높은 임금을 받는 판매사원 3,000명을 해고하고, 경험은 없지만 임금이 낮은 시간제 인력을 고용했다. 판매 상담원을 제품 전문가로 대체했다. 2003년과 2004년에 적자를 기록했다. 2004년에 '내가 원하는 바로 그것Just What I Needed'이라는 슬로건을 내걸고 브랜드 캠페인을 진행했으며, 2006년에는 파이어독Firedog 서비스를 런칭하면서 다시 브랜드 캠페인을 진행했다. 베스트바이에서 영입한 임원에게 2005년 사장, 2006년 CEO 자리를 맡겼다. 2008년 주주들을 위해 매각을 검토했으나 인수 의사를 밝힌 블록버스터는 결국 마음을 바꾸었다.[241]

HP

1980년대 후반, 기술 발전에 뒤처지고 월가의 기대에 미치지 못하는 성과를 내는 듯했다. CEO가 사임했고 이사회는 유명하고 카리스마 있는 리더를 외부에서 찾았다. 조직 문화와 전략을 급격하게 바꾸어나갔고, 인터넷에 기반을 둔 사업 중심으로 회사를 재편했다. 2001년 240억 달러에 컴팩 인수를 추진했으며 '가치를 높이는 최선의 방법이자 가장 빠른 방법', '한 번의 시도를 통한 극적 발전', '당면한 문제를 아주 빨리 해결할 수 있을 것', '2배 즉각 성장', '단 한 번의 전략 변화로', 'HP는 더 빠른 속도로', '산업 전체에 변화를 가져올 것' 등의 온갖 미사여구를 동원해 자신들의 일에 정당성을 부여했다. 수익은 요동쳤다. 2005년 초 결국 이사회는 CEO를 해고하고 외부 인사를 영입했다.[242]

머크

몰락의 4단계에 아직 도달하지 않았다.

모토로라

눈에 띄게 쇠퇴의 길을 걷고 있던 1990년대 후반, 무선광대역과 인터넷 사업에 뛰어들기로 했지만, 그때는 이미 닷컴 붐이 정점을 찍고 있었다. 후에 이를 인정하며 이렇게 말했다. "다른 업체들과 마찬가지로 너무 늦게 뛰어들었습니다." 하드웨어 기반에서 소프트웨어 기반의 회사로 변모하고자 했다. 170억 달러에 제너럴인스트루먼트를 인수했다. "회사의 모든 것을 바꾸었다"는 말처럼 조직 문화와 전략의 급진적인 변화를 도모했다. 새 슬로건 '인텔리전스 에브리웨어 Intelligence

Everywhere'를 모토로 새로운 프로그램을 도입했고 바이오 기술 분야 진출도 검토하기 시작했다. 이 분야는 향후 4년 내 무선 사업의 3배가 될 것으로 기대했다. 2003년 CEO를 외부에서 영입했지만 4년을 채우지 못했다.[243]

러버메이드

미국에서 '가장 존경받는 기업' 1위를 차지한 지 얼마 지나지 않은 1995년 4분기에 적자를 기록했다. 6,000개의 제품 생산 중단, 9개 공장 폐쇄, 1,170명의 직원 해고 등 첫 번째 구조조정안을 발표했다.[244] 동시에 역사상 최대 규모의 기업 인수를 이루어냈다. 몇 년 전에 세운 전략적 우선순위와는 정반대로 사무용품 사업부의 매각을 선언했다. 인터넷을 '부활의 도구'로 삼아 획기적인 마케팅을 펼쳤다. 그러나 수익은 다시 떨어졌고 두 번째 대규모 구조조정을 단행했다. 역사상 가장 규모가 큰 신선한 마케팅 캠페인을 펼쳤다. 성과 보상 체계를 주가와 연동시키는 시스템으로 바꾸었다. 유럽에서의 매출을 4배 올리기 위한 전략으로 다시 한 번 대규모의 인수를 감행했다. 마침내 1998년 뉴웰코퍼레이션에 매각되었다.[245]

스콧페이퍼

혼수상태에 빠진 회사에 충격요법을 가하기 위해 1981년부터 1988년까지 대대적인 개혁 조치를 시행했다. 성과급의 비중을 높이고 수백 명의 관리자를 은퇴시켜 새로운 기운을 불어넣었으며, 회사를 완전히 새롭게 태어나도록 했다. 전략 컨설턴트의 도움을 받아 회사의 목표와 전략을 점검했다.[247] 첫 시도들은 성공하는 듯했지만 수익은 떨어졌다. 구조조정의 악순환에 빠져 1990년 1억 6,700만 달러, 1991년 2억 4,900만 달러, 1994년 전반기에만 4억 9,000만 달러로 모두 10억 달러에 달하는 비용을 구조조정 작업에 지출했다.[248] 해결사 CEO가 외부에서 들어와 직원들을 해고하고 비용을 줄였으며, 마침내 최대 라이벌인 킴벌리클락에 회사를 매각했다.

제니스

1977년, 10년 만에 처음으로 적자를 기록했고 CEO가 사임했다. 동시에 새로운 기회를 붙잡기 위해 갖은 노력을 다했다. 경영진은 "우리에게 계획이 있다면 그 계획은 어떤 것이라도 기꺼이 해보자는 것입니다"라고 말했다. 3년간 VCR, 비디오디스크, 텔레비전에 연결된 전화기, 가정방범용 비디오카메라, 유선방송 해독기, PC(히스Heath 인수를 통해) 등 많은 사업에 손을 댔다. 이 모든 사업에 투자한 결과 자산 대비 부채비율이 2배로 뛰었다.[249]

부록 5

핵심 요직에 맞는 적임자를 판단하는 기준

회사의 요직에 어떤 사람을 앉힐 것인지에 대한 결정은 조직마다 다르기 때문에, 우리의 연구는 보편적으로 적용될 수 있는 여섯 가지 기준을 제시한다.

1. 기업의 핵심 가치를 이해하고 실천하는 사람

위대한 기업은 종교에 가까운 조직 문화를 형성하기 때문에 그 문화를 공유하지 못하는 구성원은 바이러스로 취급받아 항체들의 공격에 쫓겨나는 신세가 된다.

사람들은 종종 묻는다. "어떻게 하면 직원들과 함께 회사의 핵심 가치를 공유할 수 있을까요?" 내가 생각하는 답은 "공유할 수 없다"는 것이다. 본래의 성향이 회사의 핵심 가치에 부합하는 사람을 뽑아 그 성향이 발휘되도록 기다려야 한다.

2. 엄격하게 통제할 필요가 없는 사람

누군가를 엄격하게 관리해야 할 필요성을 느낀다면 이미 채용에 실패한 것이다. 적임자를 뽑았다면 동기를 불러일으키거나 관리하는 데 시간을 쓸 필요가 없다. 그들은 스스로 동기를 발견하고 학습하면서 자신의 능력 내에서 최고의 것을 해낸다. 그렇게 일하는 방식이 유전자에 내재되어 있기 때문이다.

3. 단순히 '직장'을 찾은 것이 아니라 '책임감'이 주어졌다는 것을 이해하는 사람

적합한 사람은 일의 목록과 자신이 궁극적으로 책임져야 하는 업무를 구분할 줄 안다. 그들은 "제가 바로 최종 책임자입니다"라는 말을 어떤 상황에서 해야 하는지 정확하게 알고 있다.

4. 약속한 것을 반드시 이행하는 사람

규율이 자리 잡은 조직 문화에서는 약속을 신성한 것으로 여기고 자신이 말한 것을 불평 없이 행동으로 옮긴다. 마찬가지로 무리한 약속을 하거나 능력을 벗어난 일을 약속하지 않도록 자신이 할 일을 말로 표현하는 데 주의한다.

5. 회사와 일에 열정이 있는 사람

열정이 없는 곳에서 위대함은 생기지 않으며, 적합한 사람은 남보다 뛰어난 열정을 발휘한다.

6. '창문'과 '거울'을 구분하는 성숙한 사람

회사가 잘 돌아가고 있을 때 적합한 사람은 창문을 가리키고 자신이 아닌 다른 요소에 공을 돌린다. 성공에 기여한 동료를 칭찬하며 스스로 우쭐대지 않는다. 그러나 회사에 문제가 생겼을 때는 환경이나 다른 사람을 탓하지 않고 거울을 가리키며 말한다.

"제 책임입니다."

부록 6-A

몰락에서 회복한 사례
IBM

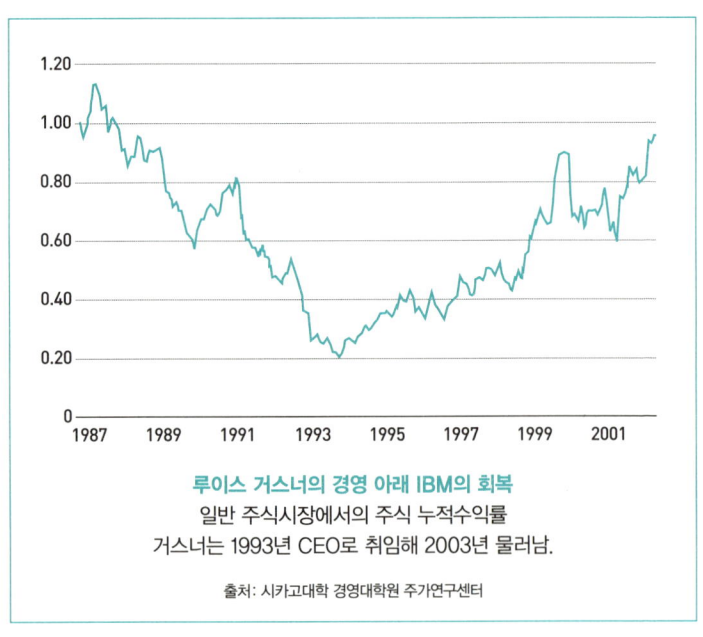

루이스 거스너의 경영 아래 IBM의 회복
일반 주식시장에서의 주식 누적수익률
거스너는 1993년 CEO로 취임해 2003년 물러남.

출처: 시카고대학 경영대학원 주가연구센터

요약 | IBM은 토머스 왓슨 부자Thomas J. Watson, Sr., Thomas J. Watson, Jr.의 리더십으로 20세기에 가장 존경받는 기업으로 성장했다. 그들은 50년간(토머스 왓슨 1세가 1914~1957년, 왓슨 주니어가 1956~1971년) IBM을 이끌었다. 'IBM 360' 같은 시스템으로 거대한 도약을 이루면서 회사는 컴퓨터 산업의 지배적인 사업자가 되었다. 1926~1972년에 주식시장 평균보다 7배나 높은 수익을 올렸다. 만약 1926년에 IBM에 1,000달러를 투자했다면 1972년에는 500만 달러 이상으로 불어났을 것이다. 그러나 1980년대 중반부터 서서히 하향세를 그리더니 1990년대 초반에는 추락을 면치 못했고, 70년 만에 처음으로 적자를 기록하면서 1991~1993년에 150억 달러 이상의 손실을 보았다. 1993년 이사회에서 CEO로 선임된 루이스 거스너는 IBM의 실적을 개선하고 다시 한 번 위대한 기업의 반열에 올려놓는 기초를 다졌다.[250]

위대한 기업의 특징을 중심으로 IBM의 회복 과정을 살펴보기로 하겠다(분석틀은 〈부록 7〉 참고).

단계 5의 리더십 | 구원자로서 IBM의 선택을 받은 거스너에게는 힘든 의사결정을 해낼 수 있는(그리고 허둥대며 결정하지 않는) 자질이 있었다. IBM을 맡을 당시 그에게 단계 5의 리더십이 있었는지 확실하지 않지만, 임기 마지막에 "IBM과 사랑에 빠졌습니다"라고 이야기할 정도로 단계 5의 리더가 보이는 열정을 점점 키워나갔다. 그는 자신의 저서 《코끼리를 춤추게 하라》에서

"회사, 동료, 그리고 스스로를 포기하지 않은 수천 명의 IBM 가족에게 바칩니다. 그들이야말로 IBM 부활의 진정한 영웅입니다"라고 고마움을 표시했다. 거스너는 누구보다 IBM에 열정을 보인 리더였다.[251]

사람이 먼저, 일은 그 다음 | 거스너는 처음 몇 주일간 해야 할 일 중 우선순위가 가장 높은 일로 중요한 자리에 적임자를 앉히는 일을 꼽았다. 이를 증명하듯 그는 가장 먼저 자신의 팀을 구성하는 데 전념했고 중요한 사람을 놓치지 않기 위해 보상 시스템을 재정비했다. 그는 늘 홍보책임자, 마케팅본부장, 최고재무관리자, PC부문 총괄책임자 등 신뢰할 만한 사람들을 곁에 두었으며 시급성을 깨닫지 못하고 책임감이 없는 중역들을 해임했다.[252]

냉혹한 현실 직면 | 회사의 비전을 정립하기 이전에 아무리 힘들더라도 IBM이 처한 현실을 정확히 파악하는 일이 선행되어야 한다고 믿었다. 실적이 좋지 않은 사업부는? 탁월성을 발휘할 수 없는 사업부는? 시장점유율이 감소하는 사업부는? 과다하게 비용이 지출되는 이유는? 주요 고객들이 실제로 IBM에 대해 어떻게 생각하는가? 경쟁에 취약해진 이유는?

"1993년 7월, IBM에게 가장 우선순위가 떨어지는 일은 비전을 만드는 것이었습니다. 제가 앞에 서서 'IBM이 모든 면에서 잘하고 있다'고 말하는 것이 두 번째로 필요 없는 일이었습니다."

거스너와 그의 팀은 IBM을 다시 고객지향적인 회사로 바꾸어 놓겠다고 선언하고 진솔한 피드백을 얻기 위해 고객들을 만났다. 덕분에 높은 가격 정책과 시장점유율 감소로 메인프레임 사업이 난관에 봉착했다는 사실을 발견했다(이후 7년간 메인프레임 처리 능력 단위당 가격을 96퍼센트나 낮췄다). 또한 생존하기 위해서는 비용을 70억 달러나 줄여야 한다는 것도 알았다. 윈도가 승리했고 OS/2 운영체계는 설 자리를 잃었다는 사실도 받아들였다. 역사상 가장 위협적인 경쟁에 직면해 있다는 것도 깨달았다.[253]

고슴도치 개념 | IBM 세계의 중심에는 고객에 대한 지나칠 정도의 열정이 자리 잡고 있다는 생각이 변화의 초석을 이룬다. 고객은 특정 문제를 해결하기 위해 개별적으로 흩어져 있는 정보기술을 하나로 통합해줄 누군가를 필요로 하며, 기술 발전과 네트워크 컴퓨팅으로의 이행이 가속화할수록 이러한 요구는 더욱 증가할 것이라는 시사점을 얻었다. 이로부터 IBM의 고슴도치 개념(《좋은 기업을 넘어 위대한 기업으로》에서 언급한 개념으로 '하나의 큰 일'을 이해하고 일관성을 갖는 태도)의 핵심, 즉 기술 통합 서비스에서는 IBM이 세계 최고가 될 수 있다는 개념이 등장했다.

▬▬▬▬ "고객 스스로 거래 당사자가 되어 복잡하고 통합하기 어려우며 독점적 권리가 있는 개별 기술들을 각각 구매한다는 가정은 말이 되지 않았습니다."254

규율의 문화 | 거스너는 관료주의적 문화로부터 성과 기준, 핵심 가치, 책임성을 준수하는 범위 내에서 자유롭게 행동하는 규율의 문화로 이행하는 데 필요한 원칙을 설명했다.

▬▬▬▬ "개인 존중은 자격을 중시하는 풍토에 자리를 내주었습니다. 그런 풍토에서 개인은 존경받기 위해 어떠한 노력도 할 필요가 없었습니다. 왜냐하면 고용되었다는 이유 하나만으로 경제적 혜택을 얻고 평생 일자리가 생기기 때문입니다."

거스너는 성과 향상을 위한 여덟 가지 원칙을 만들었고 원칙에 부합되지 않는 결과물을 내는 관리자는 회사에서 더 이상 중요한 지위를 차지하지 못할 거라고 밝혔다. 그는 "우리가 이룬 성공의 상당 부분이 과거에 하지 않던 거래에서 생겨났습니다"라고 지적하며 IBM의 고슴도치 개념에 계속 집중했다.255

성공의 플라이휠 돌리기 | 거스너는 IBM의 문제를 정밀하게 분석하는 동안 민감한 반응을 자제했다. 애널리스트, 언론, 전문

가들이 회사를 사업부 단위로 분할해야 한다는 견해를 내놓았지만 거스너는 받아들이지 않았다. 고슴도치 개념에 부합하지 않는 활동은 제거했다. OS/2와 응용 소프트웨어 개발을 중단했고 페더럴시스템스 분야를 매각했다. 결과가 나오기 전에 소문이 무성해지지 않도록 언론과는 거리를 두었고 약속은 적게, 실천은 많이 했다. 전략에 부합하지 않거나 큰 수익을 가져다주지 않는 대규모 인수에는 관심을 두지 않았다. IBM의 통합서비스 콘셉트가 주목받게 되자 거스너 팀은 인터넷 시대의 부상과 네트워크 컴퓨팅으로의 전환을 기회로 삼아 인터넷 비즈니스에 진출했다.[256]

시간을 알려주는 것이 아니라 시계 만들기ㅣ 거스너는 "IBM에 있는 동안 문화는 승부를 가르는 요소 중 일부가 아니라 승부를 결정짓는 핵심 요소라는 것을 알게 되었습니다"라고 말했다. 임원들은 경제적인 수단을 획득하는 것이 아니라 회사의 가치를 창출하는 책임을 져야 한다는 원칙을 강화하기 위해, 자기 돈으로 IBM의 주식을 사지 않으면 스톡옵션을 지급하지 않기로 했다. 300명을 정원으로 하는 고위 리더그룹을 조직하고 매년 성과에 따라 잔류 여부를 평가했다(2002년에는 최초 멤버 중 71명만 남았다). 차기 CEO에 대한 승계 계획을 확실하게 준비해 놓고 있었다.[257]

핵심 가치 보존과 변화 추구 ǀ 거스너는 핵심 가치와 운영 관행이 복잡하게 엉켜 있는 실타래를 잘 풀었다. 고루한 전통과 비합리적인 규칙을 폐지하는 동시에 IBM의 핵심 가치와 탁월성 및 성공에 대한 편집증적 집착을 다시 불러일으켰다. 네트워크 컴퓨팅이 분산 컴퓨팅을 대체할 것이라는 통찰력에 확신을 갖고 세상에서 가장 크고 영향력 있는 정보통신 회사가 될 거라는 담대한 목표를 세웠다. 거스너는 1990년대와 2000년대 초반, IBM의 새 시대를 여는 달 탐측선으로 인터넷 비즈니스를 선택했다. 1993년부터 2002년까지 비능률적인 분야에 지출되는 140억 달러의 비용을 줄이고 거의 모든 사업 프로세스를 재정비했다.[258]

부록 6-B

몰락에서 회복한 사례
뉴코

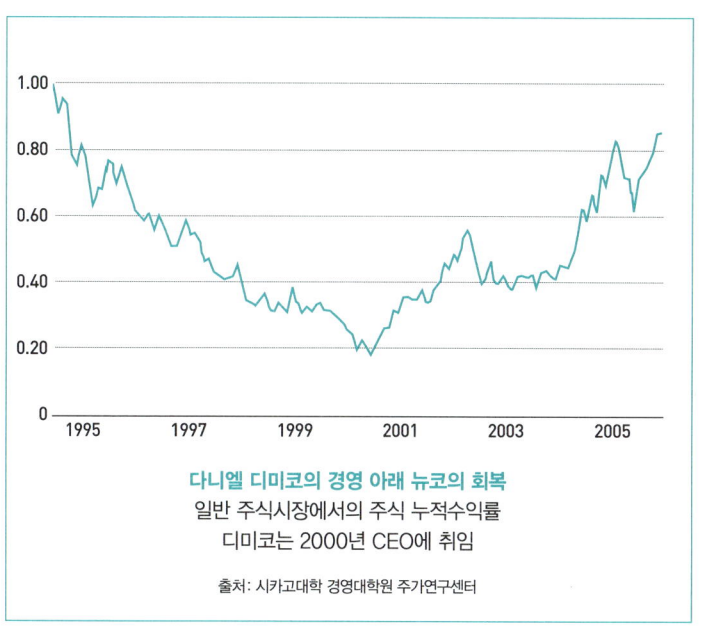

다니엘 디미코의 경영 아래 뉴코의 회복
일반 주식시장에서의 주식 누적수익률
디미코는 2000년 CEO에 취임

출처: 시카고대학 경영대학원 주가연구센터

요약 ㅣ 뉴코는 지난 50년간 가장 괄목할 만한 성장을 이룬 위대한 기업이다. 1965년 파산위기를 맞았을 때 이사회는 켄 아이버슨Ken Iverson에게 회사를 맡겼다. 신뢰할 만한 공급자를 찾을 수 없던 아이버슨은 재임 기간에 첫 번째 제강공장을 건설했다. 이후 어떤 경쟁자보다 뛰어난 철을 싸게 만들어 미니밀을 건설했고, 〈포천〉 1000대 기업에 오른 제철회사 중 가장 많은 수익을 올리는 회사가 되었다. 1975~1990년에는 주식시장 평균보다 5배 이상이나 많은 수익률을 올렸다. 성과 지향의 조직 문화가 철강 완제품 톤당 비용을 낮출 수 있는 고도의 제강기술과 조화를 이루면서 성공의 초석을 마련했다. 1990년대 중반 아이버슨의 임기가 끝나자 경영 승계를 둘러싼 혼란이 위기를 가져왔다. 아이버슨은 1996년 은퇴했고 후임 CEO는 1999년 물러났다. 2000년 오랫동안 뉴코에서 경력을 쌓아온 다니엘 디미코Daniel DiMicco가 CEO에 선출돼 예전의 영광을 되찾기 시작했다. 주식수익률은 다시 시장 평균을 상회하는 그림을 보여주었으며, 계속해서 최고의 실적을 올리며 승승장구하고 있다.[259]

위대한 기업의 특징을 중심으로 뉴코의 회복 과정을 살펴보기로 한다(분석틀은 〈부록 7〉 참고).

단계 5의 리더십 ㅣ 디미코는 1982년 뉴코에 입사한 이후 CEO가 되기 전 18년간 회사와 조직 문화에 헌신했다.[260] 저층 건물의 어둡고 소박한 사무실에서 직원들의 전화를 직접 받고 커피를 타면서 여전히 뉴코의 평등주의적 조직 문화를 고수했다. 직원들이 경영자를 위해 봉사하는 것이 아니라 경영자가 직원들을 위해 봉사하는 문화를 심으려고 했다.[261] 다른 사람들을 칭찬했고 공을 자신에게 돌리지 않았다. 아이버슨의 재임 말기에 임원 간의 분란이 있었는데도 디미코는 전임 CEO들에게 빚을 지고 있다고 말했다.

"오늘의 뉴코는 우리의 리더들, 특히 켄 아이버슨과 그의 팀이 보여준 헌신과 노력의 결과물입니다."[262]

사람이 먼저, 일은 그 다음 | 디미코는 뉴코의 강점은 무엇보다 뉴코의 문화에 부합하는 사람들로부터 비롯된다는 점을 표방하는 의미에서, 연차보고서 표지에 전 직원의 이름을 기록하는 전통을 그대로 따랐다(2007년 1만 8,000명). 디미코와 그의 팀은 올바른 직업윤리와 성향을 보이는 사람을 뽑아 교육시키는 것이, 제철산업을 이해하고 있지만 뉴코가 요구하는 직업윤리와 성향이 부족한 사람을 뽑는 것보다 낫다는 철학을 가지고 있었다. 디미코 재임 기간에 뉴코는 적합한 사람을 선발하는 것보다 그들의 능력을 개발하는 데 더 많은 주의를 기울였고, 모든 관리자를 대상으로 맞춤식 리더십 개발 프로그램을 운영했다.[263]

냉혹한 현실 직면 | 디미코와 그의 팀은 중국 제철기업의 위협

이 거세지고 있다는 현실을 파악하고 불공정거래 관행의 위험에 많은 주의를 기울였다.[264] 요동치는 에너지 가격이 불러올 위험을 직시했으며 천연가스 구매에 헤지 전략을 적용했다.[265] 보수적인 재무회계 기준을 사용했고 어려운 시기에 약한 경쟁자보다 더 많은 시장점유율 증가 기회를 잡기 위해 건전한 재무 상태를 유지했다.[266]

고슴도치 개념 | 뉴코는 철강 완제품 톤당 수익성을 높이는 동시에 생산비용을 낮추는 기술과 조직 문화를 바탕으로 고객에게 봉사한다는 단순한 원칙 위에 세워졌다.[267] 디미코와 그의 팀은 상황에 맞춰 적절하게 전략을 변화시키면서도 핵심 원칙을 충실히 지켰다(뒤에 나오는 핵심 가치 보존과 변화 추구 참고). 디미코는 자신이 최고가 될 수 있고 높은 수익을 가져다주는 분야에만 집중했고 이러한 조건을 충족시키지 못하는 사업, 일례로 베어링이나 철-카바이드Iron-Carbide 생산은 과감하게 버렸다.[268]

규율의 문화 | 디미코는 뉴코의 특징인 생산성을 중시하는 문화를 되살렸다. 그는 직원들의 직위나 계급 대신 성과를 중시했다. 안정성과 품질을 희생하지 않고 생산성 목표를 충족시키는 팀은 기본급 이외에 100~200퍼센트의 성과급을 받았다. 팀 또는 작업 단위의 성과를 기준으로 보너스를 지급함으로써 자기가 맡은 부분적인 과업에만 책임감을 가질 것이 아니라 전 직원이

전체 생산성 향상에 책임감을 갖도록 유도했다. 한 팀이 불량품을 생산하면 팀원들은 보너스를 받지 못한다. 만약 불량품이 고객에게 판매되면 보너스로 책정된 금액의 3배를 받지 못한다. 뉴코의 전체 경영 시스템은 모든 직원이 두 가지 기업 목표, 즉 훌륭한 품질의 철을 낮은 비용으로 생산하고 고객에게 최선을 다하는 데 책임감을 가져야 한다는 철학을 강화시킬 수 있도록 설계되었다.[269]

성공의 플라이휠 돌리기 | 디미코는 외부의 도움에 의존해 비일관성이라는 파멸의 고리에 빠지는 어리석음과 정반대의 행동을 취했다. 그는 일관성이 중요하다는 사실을 이해하고 성공의 플라이휠에 지속적인 힘을 가했다. 그는 2001년의 혼란스러운 사건과 철강 산업에 불어 닥친 파괴적인 도전을 경험한 후 주주들에게 편지를 보냈다.

> "지난해에도 같은 이야기를 했고 12개월 후에도 다시 이야기할 것입니다. 철강 산업과 우리를 둘러싼 세계에 어떤 일이 발생할지라도 뉴코는 목표를 향해 앞으로 나아갈 것입니다."

그리고 2003년의 격동기를 보낸 후에 다시 편지를 썼다.

▰▰▰▰ "경제가 어떤 식으로 변화해도 40년간 우리를 이끌어온 수익성과 성장의 원칙을 언제까지나 지키겠습니다."[270]

시간을 알려주는 것이 아니라 시계 만들기 ┃ 뉴코의 위대함을 입증하는 결정적인 증거는 천재적인 지도자 켄 아이버슨이 재임했던 30년 이후에도 어려웠던 시기를 잘 극복하고 살아남았다는 사실이다. 디미코는 뉴코의 회생이 자신의 리더십에만 의존하지 않도록 하기 위해 기업 문화와 조직에 활기를 불어넣는 데 최선을 다했다.

핵심 가치 보존과 변화 추구 ┃ 가치와 원칙을 일관되게 유지하고 관행과 전략은 변화하는 환경에 맞춰 적응한다는 생각을 확실하게 받아들였다.

▰▰▰▰ "핵심 원칙은 어떤 일이 있어도 타협하지 않은 채 사업을 끊임없이 발전시켜야 한다."[271]

개혁을 이끌어내기 위해 고객에게 최선을 다하는 일에 더욱 관심을 기울이고 고객의 요구를 개선을 위한 촉매제로 사용하며 사내 벤치마킹 프로그램을 운영했다.[272] 디미코는 회사가 자체적으로 개발한 미니밀에만 의존하던 관행에서 벗어나 과도한 비용을 지불하지 않고 잘 알고 있는 사업이면서 문화적으로 양립

할 수 있다면 선택적인 매입도 허용했다.[273] 그는 세계 최초로 강판 연속 주조 설비 시설을 짓는 등 새로운 기술에 투자하고 첨단기술을 시험했다.[274]

부록 6-C

몰락에서 회복한 사례
노드스트롬

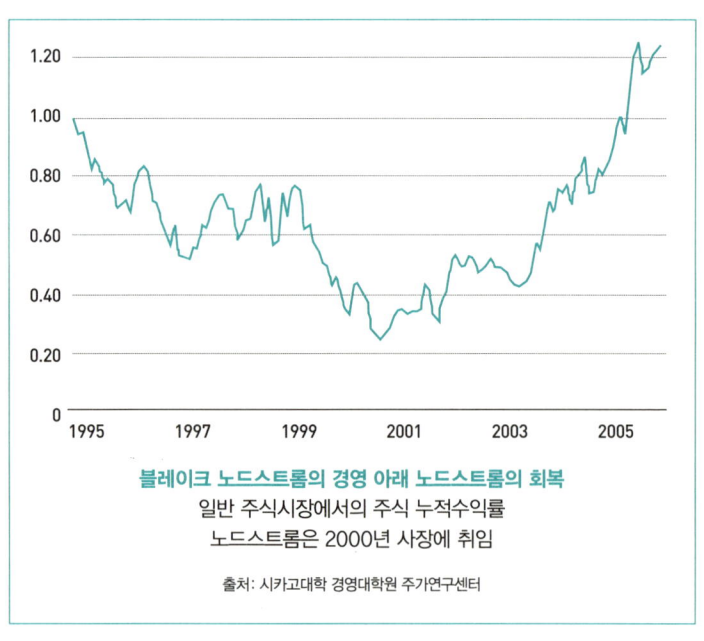

블레이크 노드스트롬의 경영 아래 노드스트롬의 회복
일반 주식시장에서의 주식 누적수익률
노드스트롬은 2000년 사장에 취임

출처: 시카고대학 경영대학원 주가연구센터

요약 | 뛰어난 고객서비스로 유명한 노드스트롬은 20세기의 가장 위대한 소매회사로서 명성을 누렸다. 1990년대 꾸준히 하향세를 그리다가 2000년 큰 폭의 매출 감소를 겪는다. 2000년부터 2006년까지 창업 가문의 4세대인 블레이크 노드스트롬 Blake Nordstrom이 회사를 맡아 처음으로 명성을 가져다준 성공의 플라이휠(고객서비스, 판매직원의 전문화)에 다시 초점을 두고 재고관리 같은 지원 시스템을 개선하면서 힘차게 회복했다.[275]

위대한 기업의 특징을 중심으로 노드스트롬의 회복 과정을 살펴보기로 한다(분석틀은 〈부록 7〉 참고).

단계 5의 리더십 | 노드스트롬 가문의 전통 그대로 블레이크 노드스트롬은 자신이 직접 전화를 받는다. 또한 그는 임원들을 가장 아래에 놓고 고객과 현장의 판매직원을 꼭대기에 올리는 역피라미드형 조직 구조를 부활시켰다. 그는 회사의 모든 문제점을 책임지고자 했다.

> "나와 내 사촌들은 회사의 실패는 우리의 문화가 아니라 우리 개개인의 잘못 때문이라는 것을 확실하게 알고 있습니다."[276]

사람이 먼저, 일은 그 다음 | 노드스트롬의 변화는 최고경영자, 최고정보책임자, 최고재무책임자, 전 품목 취급 매장의 지점장

을 포함한 리더십 팀의 중요한 변화와 함께 시작되었다. 팀은 기술이 아니라 가치와 자질을 기준으로 하는 채용 원칙을 다시 받아들였다.

▬▬▬ "좋은 사람을 선발해서 판매하는 방법을 가르칠 수는 있습니다. 그러나 판매만 잘하는 직원을 뽑아 좋은 사람으로 만들 수는 없습니다."

노드스트롬은 엄격한 기준을 통해 중요한 자리에 적합한 사람을 앉혔다. 한 임원의 말을 들어보자.

▬▬▬ "우리의 기준에 적합하지 않은 사람이 계속 남아 있게 하기보다 차라리 소송당해 지는 게 낫습니다. 우리 회사에 적합하지 않은 직원들은 동료에게도 영향을 미쳐 부적합한 사람으로 만들어버리기 때문입니다."[277]

냉혹한 현실 직면ㅣ 블레이크 노드스트롬은 고객 최우선 문화를 잃었다는 사실, 그리고 운영체계 개선(특히 재고 시스템과 POS(가맹점) 시스템과의 연계)이 시급하다는 사실에 직면했다. 그는 재고비용을 줄이고 판매직원이 고객이 원하는 제품을 쉽게 찾을 수 있도록 새로운 재고 계속기록 시스템을 구축하는 데 2억 달러를 투자했다.[278]

고슴도치 개념 | 블레이크와 그의 팀은 "판매직원이 고객과 인간적이면서도 장기적인 관계를 형성함으로써 세계에서 가장 훌륭한 백화점이 될 수 있다"는 노드스트롬의 핵심 가치를 재확인했다. 노드스트롬의 부활은 운영 시스템 개선으로 판매 전문가들을 지원함으로써 고객과의 장기적인 관계를 형성하고, 이를 통해 투자자본수익률로 측정되는 핵심 재무 지표들을 개선한다는 단순하고 명쾌한 아이디어에 기초를 두고 있다. 경제적 수익은 판매마진을 평균 재고로 나눈 값이라는 것을 더 깊이 이해했다.279

규율의 문화 | 노드스트롬에게 위대함을 가져다준 중대한 접근 방식, 즉 열정적인 판매 전문가를 고용하고 성과 목표와 고객 서비스 기대치를 높게 설정하며 판매 전문가에게 최상의 서비스에 대한 의사결정권을 주는 것을 다시 채택했다. 노드스트롬에는 '어떠한 상황에서도 회사보다 고객에게 이익이 되는 최선의 판단을 내리는 것이 유일한 규칙'이라고 적어 놓은 규정집이 있다. 2003년 연차보고서에서 블레이크 노드스트롬은 다음과 같이 썼다.

> "가장 큰 성과는 우리 회사가 더욱더 단련되고 있다는 점입니다."280

성공의 플라이휠 돌리기 ┃ 블레이크 노드스트롬은 크고 극적인 움직임이 아니라 '작지만 의미 있는 발걸음'을 중요시했다. 4,000만 달러를 투자한 '자신을 바꿔보세요' 캠페인의 실패에 대해, 그는 "다른 무언가를 하려는 시도였습니다. 우리가 누구인지 잊고 있었던 거죠. 고객은 자신을 바꾸고 싶어 하지 않았고 노드스트롬이 바뀌는 것도 원치 않았습니다"라고 말했다. 2004년 블레이크 노드스트롬은 이렇게 썼다.

> "성공하기 위해 새로운 전략이나 수익 모델을 찾을 필요는 없습니다. 이미 잘 해왔던 분야에서 강점을 발휘해야 합니다."[281]

시간을 알려주는 것이 아니라 시계 만들기 ┃ 블레이크는 노드스트롬의 부활이 특정 리더에 의해 좌우되지 않는 문화를 만들고, 그것을 정착시키기 위한 지원 시스템을 구축하려 노력했다. 만약 자신이 물러나더라도 성공이 지속될 수 있도록 이사진을 재구성했다. 이 글을 쓰고 있는 지금, 블레이크는 여전히 노드스트롬의 회장이다.[282]

핵심 가치 보존과 변화 추구 ┃ 노드스트롬은 변하지 않는 핵심 가치(다른 무엇보다 고객서비스가 최우선, 그리고 혁신에 대한 열정, 기업가적 윤리, 탁월함에 대한 명성)를 끊임없이 재조명했다. 동시에 새로운 시스템 도입, 모범 사례 공유, 구매 관행 체계화 같은 혁신적 가치를 실행하는 데 필요한 경영 시스템을 바꾸고자 노력했다.[283]

부록 7

위대한 기업의 특징 개념 요약

웹사이트 www.jimcollins.com 에도 위대한 기업의 특징을 이용해 조직을 진단하는 도구를 올려놓았다. 우리가 개발한 진단 도구는 어떤 종류의 조직에도 적용할 수 있다(1단계에서 3단계까지의 원칙은 《좋은 기업을 넘어 위대한 기업으로》에서, 4단계 원칙은 《성공하는 기업들의 8가지 습관》에서 도출한 것이다).

1단계 : 훈련된 사람들

단계 5의 리더십ㅣ 단계 5에 도달한 리더는 자기 자신이 아니라 목표, 조직, 일에 매우 열정적이다. 열정을 충족시키기 위해서라면 무엇이든 하겠다는 굳은 결의가 있다. 직업적인 의지가 충만한 동시에 역설적이게도 인간적 겸양을 지니고 있다.

위대한 기업의 특징 (위대함의 투입 요소)	→	기초 다지기	→	위대한 조직 (위대함의 산출 요소)
1단계: 훈련된 사람 단계 5의 리더십 사람이 먼저, 일은 그 다음				**높은 성과 창출** 민간 기업의 성과는 재무적인 수익과 기업 목표 달성을 의미하고, 비영리 조직의 성과는 미션 수행 결과물과 효율성을 의미한다.
2단계: 훈련된 사고 냉혹한 현실 직면 고슴도치 개념				**차별화된 영향력** 지역사회에 탁월한 수준으로 차별화된 기여를 하기 때문에 다른 조직이 대체할 수 없다.
3단계: 훈련된 행동 규율의 문화 성공의 플라이휠 돌리기				**지속성 달성** 리더 한 사람, 훌륭한 아이디어, 시장 사이클, 풍부한 재원과 무관하게 오랜 기간 예외적인 성공을 거두었다. 어떤 고난을 겪더라도 이전보다 훨씬 더 강한 상태로 다시 일어설 수 있다.
4단계: 위대함 지속시키기 시간을 알려주는 것이 아니라 시계 만들기 핵심 가치 보존과 변화 추구				

사람이 먼저, 일은 그 다음 | 위대한 기업을 만든 위대한 리더는 적합한 사람과 함께하고 그렇지 않은 사람은 떠나보내며, 먼저 중요한 자리에 적임자를 앉힌 후 방향을 고민한다. 언제나 사람을 먼저 생각하고 그 다음에 무엇을 할 것인지 궁리한다.

2단계: 훈련된 사고

냉혹한 현실 직면(스톡데일 패러독스) | 어떤 어려움이 닥치더라도 성공할 수 있고 반드시 성공하겠다는 흔들리지 않는 신념이 있다. 동시에 현 상황에서 가장 냉혹한 사실에 똑바로 직면하기 위해 학습하고 훈련을 쌓는다.

고슴도치 개념 | 단순하고 일관된 원칙에 따라 이루어진 훌륭한 결정들이 모여 위대함을 만든다. 세 가지 기준, 즉 세계 최고가 될 수 있는 분야, 깊은 열정을 쏟을 수 있는 분야, 경제적 능력 또는 자원을 가장 효과적으로 확보해줄 수 있는 분야를 모두 만족시키는 영역을 깊이 고민하고 고슴도치처럼 단순하게 밀고 나간다.

3단계: 훈련된 행동

규율의 문화 | 훈련된 사고를 하고 훈련된 활동을 수행하는 훈련된 사람들은 책임성의 테두리 안에서 자유롭게 행동한다. 이것이 위대함을 만들어내는 문화의 기반이다. 위대한 기업의 구성원들은 단순히 직장을 얻었다는 개념이 아니라 책임성을 갖고 일한다.

성공의 플라이휠 돌리기 | 단 한 번의 확실한 행동, 거창한 계획, 획기적인 개선, 우연한 행운, 기적의 순간이 위대한 도약을

만드는 것이 아니다. 커다란 바퀴를 끊임없이 밀어 회전시키고 추진력을 쌓아 결국 돌파구를 여는 지속적인 과정이 위대함을 만든다.

4단계: 위대함 지속시키기

시간을 알려주는 것이 아니라 시계 만들기 | 진정으로 위대한 기업은 한 명의 위대한 리더, 위대한 구상, 특정 프로그램 위에 지어지는 것이 아니라 여러 명의 리더가 오랜 기간에 걸쳐 성공을 쌓으면서 만든다. 위대한 조직의 리더는 개혁을 유도하는 촉매 장치를 만들 뿐, 자신의 카리스마로 모든 일을 해결하려 들지 않는다. 실제로는 많은 사람이 카리스마를 우회로로 이용해왔다.

핵심 가치 보존과 변화 추구 | 영속하는 위대한 기업은 두 가지의 주요 속성을 지니고 있다. 하나는 시간의 흐름에도 변치 않는 핵심 가치와 존재 이유를 일관되게 유지한다. 다른 하나는 치열하게 변화와 개혁을 시도하면서 '크고 담대하며 도전적인 목표'를 설정한다. 위대한 조직은 핵심 가치(결코 변하지 않는)와 운영 전략, 문화적 관행(변하는 환경에 맞춰 끊임없이 적응하는)의 차이를 명확하게 구분한다.

감사의 글

이 책이 나오기까지 많은 사람이 여러모로 도움을 주었다.

먼저 이 프로젝트를 진행하면서 시스템을 지속적으로 운영하고 각자 맡은 역할을 충실하게 해준 내 침프웍스ChimpWorks 팀에게 감사한다. 사실 관계를 확인하고 인용 문구를 담당해준 수전 발로 톨Susan Barlow Toll, 콘셉트를 잡고 편집을 도와준 마이클 레인Michael Lane, 제본 및 비평가들의 피드백 프로세스를 담당한 태피 하이타워Taffee Hightower, 모든 작업이 균형감을 잃지 않고 진전될 수 있도록 만들어준(그래서 우리 모두를 두려움에 떨게 한) 주디 던클리Judi Dunckley, 다년간 침프웍스의 플라이휠을 돌려준 빅키 모서 오스굿Vicki Mosur Osgood, 내가 창의적인 작업과 강의에 몰두할 수 있도록 내 오른팔 역할을 즐겁게 맡아준 케이시 월랜드 터너

Kathy Worland-Turner에게 감사한다.

이 프로젝트를 위해 리서치 팀원들이 많은 도움을 주었다. 분석과 사실 관계 확인을 담당한 로빈 바이트너Robyn Bitner, 머크사의 조사를 담당한 카일 블랙머Kyle Blackmer, HP와 IBM을 조사해준 브래드 칼드웰Brad Caldwell, 노드스트롬을 조사한 로렌 쿠제Lauren Cuje, 여러 프로젝트를 진행하며 대조군 선정에 기여한 터런스 커밍스Terrence Cummings, 재무 분석 및 IBM에 관한 사실 확인을 해준 토드 드라이버Todd Driver, 대조군 선정 분석 및 핵심 데이터를 수집해준 리안 홀Ryan Hall, 베스트바이와 서킷시티에 관한 사실 관계 확인 작업을 한 롤리 린필드Lorilee Linfield, 분석 작업을 담당한 캐서린 패터슨Catherine Patterson, 대조군 선정 분석 및 제록스 조사를 담당한 매튜 어냉스트Matthew Unangst, 분석과 비평을 계속해준 나너대니얼(내티) 졸라Nathaniel (Natty) Zola에게 고마운 마음을 전한다.

수백 시간 동안 편집하고 사실 관계를 확인하며 윤문하고, 수십 번 반복해서 원고를 다듬어준 편집자 데보라 녹스Deborah Knox 에게도 감사한다. 특히 그녀는 머크와 패니메이에 관해 철저한 확인 작업을 해주었다.

원고를 미리 읽고 비평해준 분들께도 감사드린다. 식견 있는 그들의 비평은 책의 콘셉트를 다듬고 글을 쓰는 데 큰 도움이 되었다. 빌 애치마이어Bill Achtmeyer, 제리 벨Jerry Belle, 에드 베토프Ed Betof, 앤 보어Ann S. Bowers, 윌리엄 버케넌William P. Buchanan, 스콧 시더버그Scott Cederberg, 앨런 츄트Alan G. Chute 박사, 켄 콜먼Ken Coleman, 앨런 다비어Alan J. Dabbiere, 브라이언 더비Brian Deevy, 제프 도넬리Jeff Donnelly, 설베이터 파졸라리Salvatore D. Fazzolari, 앤드류 파일러Andrew Feiler, 클라우디오 페르난데스 아라오즈Claudio Fernandez-Araoz, 크리스토퍼 폴먼Christopher Forman, 딕 프로스트Dick Frost, 데니스 가드찰레스Denis Godcharles, 웨인 그로스Wayne H. Gross, 에릭 하겐Eric Hagen, 파멜라 히만Pamela Hemann, 리즈 헤론Liz Heron, 존 헤스John B. Hess, 프랭크 하이타워Frank Hightower, 필 호킨슨Phil Hodgkinson, 킴벌리 홀링스워스 테일러Kimberley Hollingsworth Taylor, 존 존슨John A. Johnson, 앨런 카제이Alan Khazei, 베티나 코스키Betina Koski, 케빈 맥가비Kevin McGarvey, 토머스 모리스Thomas W. Morris, 톰 넬슨Tom Nelson, 니첼 프로팅Nichael Prouting, 바비 라오Bobby Rao, 글로리아 레갈부토 벤틀리Gloria A. Regalbuto Bentley, 짐 레이드Jim Reid 박사, 네빌 리처드슨Neville Richardson, 케빈 루먼Kevin Rumon, 킴 산체즈 라일Kim Sanchez Rael, 덕 실림Dirk Schlimm, 로이 스펜스Roy Spence, 프랭크 설리번Frank Sullivan, 케빈 타윌Kevin Taweel, 진 테일러Jean Taylor, 톰 티어니Tom Tierney, 앨런 웨버Alan Webber, 짐 웨들Jim Weddle, 월터 왕Walter Wong이 그들이다. 프랭크 설리번이 이 책의 제목을 추천해준 것도 감사한다.

    바쁜 일정에도 조사 작업을 도와주고 헌신적으로 협력해준 콜로라도 대학 윌리엄 화이트 경영도서관William M. White Business Library의 베티 그리브Betty Grebe와 캐롤 크리스만Carol Krismann에게 감사한다. 수준 높은 데이터와 훌륭한 서비스를 제공해준 시카고 대학 주가연구센터에도 고마움을 전한다. 내가 이동 중에도 창의적인 업무를 할 수 있도록 이동 사무실을 제공하고 전문가적 소견을 제공해준 데니스 베일Dennis Bale과 로리 드로바Lori Drawbaugh에게도 감사한다.

프랜시스 헤셀바인과 딕 카바나Dick Cavanagh에게도 감사한다. 그들이 웨스트포인트에 나를 강사로 초빙해준 덕분에 이 책의 주제와 관련된 영감을 얻을 수 있었다. 책 마지막 부분에 있는 〈희망을 잃지 말아야 하는 이유〉라는 표제어를 만들어준 브렉 잉글랜드Breck England에게 감사한다. 밥 버포드Bob Buford는 내 호기심을 자극할 수 있는 질문을 계속 만들어갈 수 있게 도와줬고 간결하게 담을수록 더 많이 담을 수 있다는 소신을 굽히지 않았다. 그와 더불어 앨런 워첼Alan Wurtzel과 데이비드 맥스웰David Maxwell에게도 감사한다. 그들은 단계별 연구 틀을 구상하는 데 도움을 주었고 우리의 작업에 변치 않는 우정과 신뢰를 보내주었다.

전문적인 식견과 새로운 아이디어를 출판하는 남다른 능력을 지녔으며 여러 해 동안 나를 지원해준 피터 긴스버그Peter Ginsberg에게 감사한다. 기꺼이 내 작업에 동참해 뛰어난 능력을 발휘해준 편집자 홀리스 하임바우크Hollis Heimbouch에게도 감사한다.

천재적인 디자인 능력과 우정을 발휘해준 자넷 브록켓Janet Brockett에게도 감사한다.

현명하고 창의적인 아이디어를 제공해준 카린 마루니Caryn Marooney에게 감사한다. 친구이자 연구 동료인 모턴 핸슨에게 감사한다. 그는 비평과 조언으로 계속 도와주었다.

변치 않는 지원을 해준 내 형제들, 특히 큰형 마이클 콜린스에게 감사를 전한다.

마지막으로 나의 가장 신랄한 비평가인 동시에 변치 않는 믿음을 보여주는 동반자, 내 반려자이자 최고의 친구이며 늘 나에게 영감을 주는 아내 조앤 에른스트에게 사랑과 감사의 마음을 전한다.

주

1) Joseph A. Tainter, *The Collapse of Complex Societies*(New York: Cambridge University Press, 1988), 5, 6, 8-12, 128-152.
2) Andrew Hill and John Wooden, *Be Quick-But Don't Hurry*(New York: Simon & Schuster, 2001), 191.
3) United States Geological Survey, "The Great 1906 San Francisco Earthquake," *Earthquake Hazards Program*, http://earthquake.usgs.gov/regional/nca/1906/18 april/index.php A.W. Clausen, "Bank of America: The Largest Bank Was Once a Plank on the Waterfront," Nation's Business, January 1971, 54.
4) Joseph H. Harper, "Observations of the San Francisco Earthquake," *The Virtual Museum of the City of San Francisco*(delivered before the Montana Society of Engineers, January 11, 1908), http://www.sfmuseum.org/1906/harper.html; E.E. Schmitz, "Proclamation by the Mayor," *The Virtual Museum of the City of San Francisco*(on April 18, 1906), http://www.sfmuseum.org/1906.2/killproc.html; Gary Hector, Breaking the Bank: The Decline of BankAmerica(Boston: Little, Brown & Company, 1988), 25, 36; A.W. Clausen, "Bank of America: The Largest Bank Was Once a Plank on the Waterfront," *Nation's Business*, January 1971, 54.
5) Gary Hector, *Breaking the Bank: The Decline of BankAmerica*(Boston: Little, Brown & Company, 1988), 32, 50, 62.
6) A.W. Clausen, "Banking on Stability at BankAmerica," *Financial World*, March 15, 1978, 24; "BankAmerica and Citicorp: The New Banking Forces New Strategies," *Business Week*, July 13, 1981, 56.
7) David W. Ewing and Pamela M. Banks, "Listening and Responding to Employees' Concerns: An Interview with A.W. Clausen," *Harvard Business Review*, January/February 1980, 101.
8) G. Christian Hill, "BankAmerica Posts a Record Loss of $640 Million for Second Period," *Wall Street Journal*, July 17, 1986; Richard B. Schmitt, "BankAmerica Denies

Rumors on Health As Speculation Briefly Depresses Dollar," *Wall Street Journal*, September 17, 1986; ⓒ200601 CRSP®, Center for Research in Security Prices. Graduate School of Business, The University of Chicago. Used with Permission. All rights reserved. www.crsp.chicagobooth.edu; Richard B. Schumitt, "BankAmerica Denies Rumors on Health As Speculation Briefly Depresses Dollar," *Wall Street Journal*, September 17, 1986; G. Christian Hill, "BankAmerica Cuts Quarterly Payout By 47% in Wake of 2nd-Period Loss," *Wall Street Journal*, August 6, 1985; Jonathan B. Levine, "Clausen May Be the Safe Choice, But Is He the Right One?" *Business Week*, October 27, 1986, 108; Victor F. Zonana, "BankAmerica Considers Sale of Headquarters," *Wall Street Journal*, November 19, 1984; "BankAmerica Completes San Francisco Offices' Sale," *Wall Street Journal*, October 2, 1985; G. David Wallace and Jonathan B. Levine, "BofA Is Becoming The Incredible Shrinking Bank," *Business Week*, January 27, 1986, 28; Gary Hector, *Breaking the Bank: The Decline of BankAmerica*(Boston: Little, Brown & Company, 1988), 219-223; "Founder's Daughter Quits BankAmerica Post," *Wall Street Journal*, March 8, 1985; G. Christian Hill and Richard B. Schmitt, "Salvage Operation: Autocrat Tom Clausen Faces Formidable Task To Save BankAmerica," *Wall Street Journal*, October 17, 1986; Robert M. Bleiberg, "What Price BankAmerica? Better Stewards (Corporate or Otherwise) Wen Down on the Titanic," *Barron's* July 21, 1986, 9.

9) Michael Kolbenschlag, "No Time For A Gentleman," *Forbes*, December 22, 1980, 33.
10) Victor F. Zonana and Kathryn Christensen, "Budging the Giant," *Wall Street Journal*, May 20, 1982; "BankAmerica Plans to Acquire Charles Schwab," *Wall Street Journal*, November 25, 1981; Victor F. Zonana, "The Porches and Saabs at Schwab Aggravate Some at BankAmerica," *Wall Street Journal*, January 20, 1983; "Bank America Corp.'s Takeover of Seafirst Took Effect Today," *Wall Street Journal*, July 1, 1983, 2; Victor F. Zonana, "Seafirst Holders Clear BankAmerica Bid For Largest Interstate Banking Takeover," *Wall Street Journal*, June 29, 1983; Gary Hector, "More than Mortgages Ails BankAmerica," Fortune, April 1, 1985, 50; "BofA's Brash Fight to Build Deposits," *Business Week*, January 17, 1983, 98.
11) Victor F. Zonana, "Budging the Giant," *Wall Street Journal*, May 20, 1982, 1; Victor F. Zonana, "Stirring Giant: BankAmerica Corp,. Seeking a Turnaround, Seems to Gain Ground," *Wall Street Journal*, January 27, 1984.
12) Victor F. Zonana, "The Prches and Saabs at Schwab Aggravate Some at Bank-America," *Wall Street Journal*, January 20, 1983.
13) "BofA's Brash Fight to Build Deposits," *Business Week*, January 17, 1983, 98; G. Christian Hill and Mike Tharp, "Stumbling Giant: Big Quarterly Deficit Stuns Bank

America, Adds Pressure on Chief," *Wall Street Journal*, July 18, 1985; Gary Hector, "More than Mortgages Ails BankAmerica," *Fortune*, April 1, 1985, 50.

14) G. Christian Hill and Mike Tharp, "Stumbling Giant: Big Quarterly Deficit Stuns BankAmerica, Adds Pressure on Chief," *Wall Street Journal*, July 18, 1985.

15) George E.P. Box, J. Stuart Hunter, and William G. Hunter, Statistics for Experimenters: *Design, Innovation, and Discovery*, 2nd Edition(Hoboken: John Wiley, 2005), 440.

16) Jill Bettner, " 'Underpromise, Overperform,' " *Forbes*, January 30, 1984, 88; Robert W. Galvin, *The Idea of Ideas*(Schaumburg, IL: Motorola University Press, 1991), 165.

17) Roger O. Crockett and Peter Elstrom, "How Motorola Lost Its Way," *Business Week*, May 4, 1998, 140.

18) Roger O. Crockett, "A New Company Called Motorola," *Business Week*, April 17, 2000, 86; Rajiv Chandrasekaran, "Motorola's Next Page," *Washington Post*, September 29, 1996; Peter Elstrom, "Motorola Goes for the Hard Cell," *Business Week*, September 23, 1996, 39; "Gartner Dataquest Says Worldwide Mobile Phone Sales in 2001 Declined for First Time in Industry's History," *Gartner Press Release*, March 11, 2002, http://www.gartner.com/5_about/press_releases/2002_03/pr20020311a.jsp; PeterCoy and Ron Stodghill, "Is Motorola a Bit Too Patient?" *Business Week*, February 5, 1996, 150.

19) J. Rufus Fears, Books That Have Made History: Books That Can Change Your Life(Chantilly, VA: The Teaching Company Limited Partnership, 2005), audiotapes of lectures by J. Rufus Fears, Part 1, Lecture 2.

20) Motorola, Inc., "Financial Highlights," 2001 *Summary Annual Report*(Schaumburg, IL: Motorola, Inc., 2002), 3; Motorola, Inc., "Financial Highlights," *2003 Annual Report*(Schaumburg, IL: Motorola, Inc., 2004), 3.

21) Source: ©200601 CRSP®, Center for Research in Security Prices. Graduate School of Business, The University of Chicago. Used with permission. All rights reserved. www.crsp.chicagobooth.edu.

22) Howard Rudnitsky, "Would You Buy A Used Car From This Man?" *Forbes*, October 23, 1995, 52; Tim W. Ferguson, "Sofa With Your Stereo, Sir?" *Forbes*, July 7, 1997, 46.

23) John R. Wells, "Circuit City Sores, Inc.: Strategic Dilemmas," Harvard Business School, case study #9-706-419(Boston: Harvard Business School Publishing, 2005), 7; Rob Landley, "DIVX Post Mortem," *Motley Fool*, June 21, 1999, http://www.fool.com/portfolios/rulemaker/1999/RuleMaker990621.htm.

24) "Richard L. Sharp-Circuit City Stores, Inc.-CEO Interview," *The Wall Street Transcript*, November 2, 1998, 1.

25) Peter Spiegel, "Car Crash," *Forbes*, May 17, 1999, 130.
26) De'Ann Weimer, "The Houdini of Consumer Electronics," *Business Week*, June 22, 1998, 88; Dorothy Leonard and Brian DeLacey, "Best Buy Co. Inc. (A): An Innovator's Journey," *Harvard Business School*, case study #9-604-043(Boston: Harvard Business School Publishing, 2005)
27) John R. Wells and Travis Haglock, "Best Buy Co., Inc.: Competing on the Edge," *Harvard Business School*, Case study #9-706-417(Boston: Harvard Business School Publishing, 2007)
28) Best Buy Co., Inc., *Fiscal 2003 Annual Report*(Richfield, MN: Best Buy Co., Inc., 2003); Best Buy Co., Inc., *Fiscal 2001 Annual Report*(Minneapolis: Best Buy Co., Inc., 2001); John R. Wells and Travis Haglock, "Best Buy Co., Inc.: Competing on the Edge," *Harvard Business School*, case study #9-706-417(Boston: Harvard Business School Publishing, 2007); Balaji Chakravarthy and V. Kasturi Rangan, "Best Buy," *Harvard Business School*, case study #9-598-016(Boston: Harvard Business School Publishing, 1997); Best Buy Co., Inc., *1996 Annual Report*(Minneapolis: Best Buy Co., Inc., 1996); Dorothy Leonard and Brian Delacey, "Best Buy Co. Inc. (A): An Innovator's Journey," *Harvard Business School*, case study #9-604-043(Boston: Harvard Business School Publishing, 2005); Dale Kurschner, "Best Buy Harder," CRM, August 1997, 67; Best Buy Co., Inc., *1999 Annual Report*(Minneapolis: Best Buy Co., Inc., 1999); Best Buy Co., Inc., *2003 Annual Report*(Richfield, MN: Best Buy Co., Inc., 2003); Best Buy Co., Inc., 2006 Annual Report(Richfield, MN: Best Buy Co., Inc., 2006)
29) Calculation based on 1997 and 2006 revenues of Best Buy and Circuit City, taking half of the increase in revenues Best Buy achieved from 1997 to 2006 and adding that amount to Circuit City's 2006 revenues.
30) Balaji Chakravarthy and V. Kasturi Rangan, "Best Buy" *Harvard Business School*, case study #9-598-016(Boston: Harvard Business School Publishing, 1997); Source: ⓒ200601 CRSP®, Center for Research in Security Prices. Graduate School of Business, The University of Chicago. Used with permission. All rights reserved. www.crsp.chicagobookth.edu.
31) "Pinching 500 Billion Pennies," Fortune, March 1963, 105.
32) William I. Walsh, *The Rise and Decline of the Great Atlantic & Pacific Tea Company*(Secaucus, NJ: Lyle Stuart., 1986), 78-81.
33) William I. Walsh, *The Rise and Decline of the Great Atlantic & Pacific Tea Company* (Secaucus, NJ: Lyle Stuart, Inc., 1986), 78; Eleanor Johnson Tracy, "How A&P Got Creamed," Fortune, January 1973, 103.

34) Peter Z. Grossman, "A&P: Should You Invest Along with the Germans?" *Financial World*, February 15, 1979, 16.
35) Ames Department Stores Inc., "Letter to Shareholders," 1987 *Annual Report to Stockholders*(Rocky Hill, CT: Ames Department Stores, Inc., 1988)
36) Elizabeth Rourke(updated by David E. Salamie), "Ames Department Stores, Inc." *International Directory of Company Histories 30*(New York: St. James Press, 2000), 54.
37) William Mehlman, "Ames Strikes Discounting Gold in Exurban America," *The Insiders' Chronicle 6*, no. 46(November 16, 1981): 1; Peter Hisey, "Herb Gilman: 'The Concept Is So Simple'," *Discount Store News 27*, no. 11(May 23, 1988): 49; "Ames: Small-Town Discount Giant Trading Up, Not Away From Roots," *Chain Store Age*, February 1982, 25; Jeff Malester, "Ames Aims at Growth by Changing Image," *Retailing Home Furnishings 57*(August 22, 1983): 6; Al Heller, "Gilman's Informality Spurs Creativity, Growth at Ames," *Discount Store News 24*(August 19, 1985)
38) Sources: ©200601 CRSP®, Center for Research in Security Prices. Graduate School of Business, The University of Chicago. Used with permission. All rights reserved www.crsp.chicagobooth.edu.
39) Elizabeth Rourke(updated by David E. Salamie), "Ames Department Stores, Inc.," *International Directory of Company Histories 30*(New York: St. James Press, 2000), 54; Wal-Mart Stores, Inc,. "History Timeline," Wal-Mart: History, http://walmart stores.com/AboutUs/297.aspx.
40) Source: ©200601 CRSP®, Center for Research in Security Prices. Graduate School of Business, The University of Chicago. Used with permission. All rights reserved. www.crsp.chicagobooth.edu.
41) Personal conversation with author.
42) Steven Jacober, "Ames Redefines Itself at $2 Billion," *Discount Merchandiser*, August 1988, 22; Peter Hisey, "Herb Gilman: 'The Concept Is So Simple,' " *Discount Store News 27*, no. 11(May 23, 1988): 49.
43) Ames Department Stores, Inc., "Letter to Shareholders," *1988 Annual Report to Stockholders*(Rocky Hill, CT: Ames Department Stores, Inc., 1989); Eric N. Berg, "Ames's Rocky Retailing Marriage," *New York Times*, April 11, 1990.
44) Source: ©200601 CRSP®, Center for Research in Security Prices. Graduate School of Business, The University of Chicago. Used with permission. All rights reserved. www.crsp.chicagobooth.edu.
45) Mike Duff, "Discount Veteran Ames to Liquidate After 44 Years," *DSN Retailing Today 41*, no. 16(August 26, 2002): 1.

46) Ames Department Stores, Inc., "Letter to Shareholders," *1988 Annual Report to Stockholders*(Rocky Hill, CT: Ames Department Stores, Inc., 1989); Joseph Pereira, "Digesting Zayre Gives Ames Heartburn," Wall Street Journal, December 28, 1989; Eric N. Berg, "Ames's Rocky Retailing Marriage," *New York Times*, April 11, 1990; Pete Hisey, "What Went Wrong at Ames?" *Discount Store News 29*, no. 9(May 7, 1990): 1.
47) Motorola, Inc., *1995 Summary Annual Report*(Schaumburg, IL : Motorola, Inc., 1996)
48) John Simons, "Will R&D Make Merck Hot Again?" *Fortune*, July 8, 2002, 89.
49) "HP Files 5,000 Patent Applications Worldwide in 2001," *HP Press Release*(Palo Alto: Hewlett-Packard Company), February 6, 2002.
50) Alan Farnham, "America's Most Admired Company," *Fortune*, February 7, 1994, 50; Marshall Loeb, "How To Grow A New Product Every Day," *Fortune*, November 14, 1994, 269.
51) "Where Do They Get All Those Ideas?" *Machine Design*, January 26, 1995, 40; Lornet Turnbull, "Ohio-Based Rubbermaid Inc. Heeds Findings from Consumer Focus Groups," *Akron Beacon Journal*, February 18, 1996.
52) Wolfgang R. Schmitt, "A Growth Strategy," *Executive Excellence*, August 1994, 17; Tricia Welsh, "Best and Worst Corporate Reputations," *Fortune*, February 7, 1994, 58; Alan Farnham, "America's Most Admired Company," *Fortune*, February 7, 1994, 50; Marshall Loeb, "How To Grow A New Product Every Day," *Fortune*, November 14, 1994, 269; Lornet Turnbull, "Ohio-Based Rubbermaid Inc. Heeds Findings from Consumer Focus Groups," *Akron Beacon Journal*, February 18, 1996.
53) Lee Smith, "Rubbermaid Goes Thump," *Fortune*, October 2, 1995, 90; Geoffrey Colvin, "From the Most Admired to Just Acquired: How Rubbermaid Managed to Fail," *Fortune*, November 23, 1998, 32.
54) Glen Gamboa, "Rubbermaid Corp. Is Proposing a Nice, Neat Solution," *Akron Beacon Journal*, October 22, 1998; Glen Gamboa, "Rubbermaid Seeks Boost Through 'Solutions' Marketing", *Akron Beacon Journal*, July 28, 1997; Raju Narisetti, "Rubbermaid's Plan to Buy Graco Is Eclipsed by Poor Profit Forecast," *Wall Street Journal*, September 5, 1996; "Rubbermaid Completes Acquisition," *Discount Store News 35*, no. 21(November 4, 1996): 43; Claudia H. Deutsch, "A Giant Awakens, To Yawns: Is Rubbermaid Reacting Too Late?" *New York Times*, December 22, 1996; Matt Murray, "Rubbermaid Tries to Regain Lost Stature," *Wall Street Journal*, December 6, 1995; Susan Sowa, "Restructuring May Salvage Rubbermaid," *Rubber & Plastics News 25*, no. 10(December 18, 1995): 7; Lornet Turnbull, "Ohio-Based Rubbermaid Inc. Heeds Findings from Consumer Focus Groups," *Akron Beacon

Journal, February 18, 1996.
55) Geoffrey Colvin, "From the Most Admired to Just Acquired: How Rubbermaid Managed to Fail," *Fortune*, November 23, 1998, 32; Glenn Gamboa, "Rubbermaid Corp. Is Proposing a Nice, Neat Solution," *Akron Beacon Journal*, August 6, 1997; "Buy Merges Rubbermaid's Products, Newell's Management," *Akron Beacon Journal*, October 22, 1998; Claudia H. Deutsch, "Newell Buying Rubbermaid in $5.8 Billion Deal," *New York Times*, October 22, 1998.
56) Amy Barrett and Larry Armstrong, "Merck Takes Some Growth Pills," *Business Week*, October 12, 1998, 78; Gardiner Harris, "Cold Turkey: How Merck Intends to Ride Out a Wave of Patent Expirations," *Wall Street Journal*, February 9, 2000.
57) Clark Gilbert and Ratna G. Sarkar, "Merck: Conflict and Change," *Harvard Business School*, case study #9-805-079(Boston: Harvard Business School Publishing, 2005)
58) Amy Barrett and Larry Armstrong, "Merck Takes Some Growth Pills," *Business week*, October 12, 1998, 78.
59) Merk & Co., Inc., *Merck 1998 Annual Report*(Whitehouse Station, NJ: Merck & Co., Inc., 1993), 3.
60) Merk & Co., Inc., *Merck 1998 Annual Report*(Whitehouse Station, NJ: Merck & Co., Inc., 2000); John Simons and David Stipp, "Will Merck Survive Vioxx?" *Fortune*, November 1, 2004, 90.
61) Eduardo Ortiz, "Market Withdrawal of Vioxx: Is It Time to Rethink the Use of COX-2 Inhibitors?" *Journal of Managed Care Pharmacy* 10, no. 6(November/December 2004): 551-554; Claire Bombardier, Loren Laine, Alise Reicin, et al. for the VIGOR Study Group, "Comparison of Upper Gastrointestinal Toxicity of Rofecoxib and Naproxen in Patients With Rheumatoid Arthritis," *New England Journal of Medicine* 343, no. 21(November 23, 2000): 1520-1528, http://content.nejm.org/cgi/content/full/343/21/1520.
62) Peter S. Kim and Alise S. Reicin, "Refecoxib, Merck and the FDA," *New England Journal of Medicine* 351, no. 27(December 30, 2004): 2875-2878; John Simons and David Stipp, "Will Merck Survive Vioxx?" *Fortune*, November 1, 2004, 90.
63) Merck & Co., In., *Annual Report 2002*(Whitehouse Station, NJ: Merck & Co., Inc., 2003); Merck & Co., Inc., *Annual Report 2004*(Whitehouse Station, NJ: Merck & Co., Inc., 2005); Susan Dentzer, "Drug Failure," *Online NewsHour*, November 18, 2004, http://www.pbs.org/newhour/bb/health/july-dec04/vioxx_11-18.html.
64) Eric J. Topol, "Failing the Public Health-Rofecoxib, Merck, and the FDA," *New England Journal of Medicine* 351, no. 17(October 21, 2004): 1701-1709; Debabrata Mukherjee, Steven E. Nissen, and Eric J. Topol, "Risk of Cardiovascular Events

Associated with Selective COX-2 Inhibitors," *Journal of the American Medical Association 286*, no. 8(August 22, 2001): 954-959; Daniel H. Solomon, Sebastian Schneeweiss, Robert J. Glynn, et al., "Relationship Between Selective Cyclooxygenase-2 Inhibitors and Acute Myocardial Infarction on Older Adults," *Circulation* 109(April 19, 2004): 2068-2073, http://circ.ahajournals.org/cgi/content/full/109/17/2068.

65) Peter S. Kim and Alise S. Reicin, "Rofecoxib, Merck and the FDA," *New England Journal of Medicine 351*, no. 27(December 30, 2004): 2857-2878.

66) Merck & Co., Inc., *Annual Report 2004*(Whitehouse Station, NJ: Merck & Co., Inc., 2005), 21.

67) Brooke A. Masters and Marc Kaufman, "Painful Withdrawal for Makers of Vioxx," *Washington Post*, October 18, 2004.

68) Christopher Rowland, "CEO Defends Merck on Vioxx: Confirmation of Woes Came 'Out of Blue,'" *Boston Globe*, October 9, 2004, http://www.boston.com/business/articles/2004/10/09/ceo_defends_merck_on_vioxx; Merck & Co., Inc. "Company Statements," VIOXX? (rofecoxib) *Information Center*, http://www.merck.com/newsroom/vioxx/archive.html#company_statements.

69) John Simons and David Stipp, "Will Merck Survive Vioxx?" *Fortune*, November 1, 2004, 90.

70) George W. Merck, "Talk by George W. Merck at the Medical College of Virginia at Richmond," December 1, 1950.

71) Jim Collins, *Good to Great: Why Some Companies Make the Leap... And Others Don't*(New York: HarperCollins, 2001)

72) G. Christian Hill and Mike Tharp, "Stumbling Giant," *Wall Street Journal*, July 18, 1985.

73) Garrett G. Fagan, *Emperors of Rome*(Chantilly, VA: The Teaching Company Limited Partnership, 2007), audiotapes of lectures by Garrett G. Fagan, Lectures 3-6, 10.

74) Ed Viesturs and David Roberts, *No Shortcuts to the Top*(New York: The Doubleday Broadway Publishing Group, 2006), 158.

75) Jill Bettner, "'Underpromise, Overperform,'" *Forbes*, January 30, 1984, 88; Motorola, Inc., "Note 2 to Consolidated Financial Statements," *1996 Summary Annual Report*(Schaumburg, IL: Motorola, Inc., 1997)

76) Sydney Finkelstein and Shade H. Sanford, "Learning from Corporate Mistakes: The Rise and Fall of Iridium," *Organizational Dynamics 29*, no. 2(November 2000): 138-148.

77) Sydney Finkelstein and Shade H. Sanford, "Learning from Corporate Mistakes: The

Rise and Fall of Iridium," *Organizational Dynamics* 29, no. 2(November 2000): 138-148.

78) Rajiv Chandrasekaran, "Motorola's Next Page: The Cellular Giant and Onetime Stock Star Seeks Ways to Renew Its Growth," *Washington Post*, September 29, 1996.

79) Motorola, Inc., "Letter to Stockholders," *1997 Summary Annual Report*(Schaumburg, IL: Motorola, Inc., 1998), 6.

80) Sydney Finkelstein and Shade H. Sanford, "Learning from Corporate Mistakes: The Rise and Fall of Iridium," *Organizational Dynamics* 29, no. 2(November 2000): 138-148.

81) Motorola, Inc., *1999 Proxy Statement*(Schaumburg, IL: Motorola, Inc., 2000), http://media.corporate-ir.net/media_files/irol/90/90829/proxies/mot_000324_1999_proxy.htm.

82) Caleb Pirtle III, *Engineering the World: Stories from the First 75 Years of Texas Instruments*(Dallas: Southern Methodist University Press, 2005), 153; Joan Terrall, "Texas Instruments, Incorporated: 1983," *Harvard Business School*, case study #9-184-109(Boston: Harvard Business School Publishing, 1984), 10.

83) Robert Ristelhueber, "Texas Tornado," *Electronic Business* 23, no. 12(December 1997): 35.

84) Svetlana Josifovska, "Deep in the Heart of Texas Instruments," *Electronic Business* 26, no. 10(October 2000): 116; Peter Burrows and Jonathan B. Levine, "TI is Moving Up in the World," *Business Week*, August 2, 1993, 46; Jim Bartimo, "TI Bets Most of Its Marbles On Chips," *Business Week*, January 29, 1990, 73; Kyle Pope, "Texas Instruments Places Hopes On Chip," *Wall Street Journal*, March 10, 1994; Robert Ristelhueber, "Texas Tornado," *Electronic Business* 23, no. 12(December 1997): 35; Caleb Pirtle III, *Engineering the World: Stories from the First 75 Years of Texas Instruments*(Dallas: Southern Methodist University Press, 2005), 169-171.

85) Edward R. Tufte, *Visual Explanations: Images and Quantities, Evidence and Narrative*(Cheshire, CT: Graphics Press, 1997), 38-53; Diane Vaughan, *The Challenger Launch Decision: Risky Technology, Culture, and Deviance at NASA*(Chicago: University of Chicago Press, 1996), 278-433.

86) W.L. Gore, conversation with author during an executive session.

87) American Alpine Club, Inc., *Accidents in North American Mountaineering, 1989*(New York: The American Alpine Club, Inc., 1989): rescue ranger at the scene of the accident, conversation with author.

88) Louis V. Gerstner, Jr., *Who Says Elephants Can't Dance? Inside IBM's Historic Turnaround*(New York: HarperCollins, 2002), 204.

89) "Every Dog Needs His Flea," *Forbes*, May 15, 1975, 131.
90) "Scott Paper: Back On Its Feet," *Forbes*, December 15, 1976, 69.
91) "No-Longer-So-Great Scott," *Forbes*, August 1, 1972, 25.
92) "Scott Paper: Back On Its Feet," *Forbes*, December 15, 1976, 69.
93) Stuart C. Gilson and Jeremy Cott, "Scott Paper Company," *Harvard Business School*, case study #9-296-048(Boston: Harvard Business School Publishing, 1997); Albert J. Dunlap and Bob Andelman, *Mean Business: How I Save Bad Companies and Make Good Companies Great*(New York: Fireside, 1997), 11.
94) "Now An Outsider Will Run Scott Paper," *Business Week*, April 23, 1979, 39; Jean A. Briggs, "Too Little, Too Late?" Forbes, July 5, 1982, 88; "Scott Paper Fights Back, At Last," *Business Week*, February 16, 1981, 104.
95) Tom Schmitz, "How Platt Got to the Top of HP," *San Jose Mercury News*, July 18, 1992; Peter Burrows, "Twists in HP's CEO Search," *Business Week*, June 14, 1999, 49; "HP Names Carly Fiorina President and CEO," *Business Wire*, July 19, 1999; Christopher Springmann, "The Best Job in the World," *Across the Board*, May/June, 2003; "Veterans of Value," *Chief Executive*, September 2002.
96) Michael Beer, Rakesh Khurana, and James Weber, "Hewlett-Packard: Culture in Changing Times," *Harvard Business School*, case study #9-404-087(Boston: Harvard Business School Publishing, 2005), 15; Gregory C. Rogers, "Human Resources at Hewlett-Packard (A)," *Harvard Business School*, case study #9-495-051(Boston: Harvard Business School Publishing, 1995), 25; Dean Takahashi, "Profits Rise 41%, But HP Is Unhappy With Growth," *San Jose Mercury News*, May 18, 1995; Peter Burrows, *Backfire: Carly Fiorina's High-Stakes Battle for the Soul of Hewlett-Packard*(Hoboken, NJ: John Wiley & Sons, 2003), 83.
97) Peter Burrows, *Backfire: Carly Fiorina's High-Stake Battle for the Soul of Hewlett-Packard*(Hoboken, NJ: John Wiley & Sons, 2003), 83; George Anders, *Perfect Enough: Carly Fiorina and the Reinvention of Hewlett-Packard*(New York: Penquine Group, 2003); Hewlett-Packard Company, *1993 Form 10-K*(Palo alto, CA: Hewlett-Packard Company, 1994)
98) Tom Schmitz, "How Platt Got to the Top of HP," *San Jose Mercury News*, July 18, 1992; Quentin Hardy, "All Carly All the Time," *Forbes*, December 13, 1999, 138.
99) Julie Creswell and Dina Bass, "Ranking the 50 Most Powerful Women: Fortune's First Annual Kook at the Women Who Most Influence Corporate America," *Fortune*, October 12, 1998.
100) Carly Fiorina, *Tough Choices: A Memoir*(New York: Penguin Group, 2006), 171-172.

101) George Anders, *Perfect Enough: Carly Fiorina and the Reinvention of Hewlett-Packard*(New York: Penguin Group, 2003), 63; Peter Burrows and Peter Elstrom, "The Boss," *Business Week*, August 2, 1999, 76; Peter Burrows, *Backfire: Carly Fiorina's High-Stakes Battle for the Soul of Hewlett-Packard*(Hoboken, NJ: John Wiley & Sons, 2003), 136-137.
102) Louis V. Gerstner, Jr., *Who Says Elephants Can't Dance? Inside IBM's Historic Turnaround*(New York: HarperCollins, 2002), 54.
103) Louis V. Gerstner, Jr., *Who Says Elephants Can't Dance? Inside IBM's Historic Turnaround*(New York: HarperCollins, 2002), 30.
104) George Anders, "The Carly Chronicles," *Fast Company*, February 2003; Peter Burrows, *Backfire: Carly Fiorina's High-Stakes Battle for the Soul of Hewlett-Packard*(Hoboken, NJ: John Wiley & Sons, 2003), 148; David Packard, *The HP Way: How Bill Hewlett and I Built Our Company*(New York: HarperCollins, 2005)
105) George Anders, *Perfect Enough: Carly Fiorina and the Reinvention of Hewlett-Packard*(New York: Penguin Group, 2003), 64-79; Peter Burrows, *Backfire: Carly Fiorina's High-Stakes Battle for the Soul of Hewlett-Packard*(Hoboken, NJ: John Wiley & Sons, 2003), 135-156; Carly Fiorina, *Tough Choices: A Memoir*(New York: Penguin Group, 2006), 195.
106) Quentin Hardy, "All Carly All the Time," *Forbes*, December 13, 1999, 138.
107) Tom Quinlan, "Transition at the Top for HP: Platt Bows Out as CEO, Ushering in Fiorina," *San Jose Mercury News*, August 18, 1999; Peter Burrows and Peter Elstrom, "The Boss," *Business Week*, August 2, 1999, 76.
108) Louis V. Gerstner, Jr., *Who Says Elephants Can't Dance? Inside IBM's Historic Turnaround*(New York: HarperCollins, 2002), 36, 68.
109) Louis V. Gerstner, Jr., *Who Says Elephants Can't Dance? Inside IBM's Historic Turnaround*(New York: HarperCollins, 2002), 223.
110) David Kirkpatrick, "Lou Gerstner's First 30 Days," Fortune, May 31, 1993, 57; Louis V. Gerstner, Jr., *Who Says Elephants Can't Dance? Inside IBM's Historic Turnaround*(New York: HarperCollins, 2002), 56-57.
111) Peter Burrows, *Backfire: Carly Fiorina's High-Stakes Battle for the Soul of Hewlett-Packard*(Hoboken, NJ: John Wiley & Sons, 2003), 76.
112) Carly Fiorina, *Tough Choices: A Memoir*(New York: Penguin Group, 2006), 180.
113) Carly Fiorina, *Tough Choices: A Memoir*(New York: Penguin Group, 2006), 292-294, 303.
114) "vHP Sends Letter to Shareowners on Value of Compaq Merger," *Business Wire*, January 18, 2002.

115) Pallavi Gogoi, "Circuit City: Due for a Change?" *BusinessWeek.Com*, February 29, 2008, http://www.businessweek.com/bwdaily/dnflash/content/feb2008/db20080229_251654.htm; Pallavi Gogoi, "Is Circuit City Up for Sale?" *Business Week.com*, April 8, 2008, http://www.businessweek.com/bwdaily/dnflash/content/apr2008/db2008048_602083.htm; Pallavi Gogoi, "Circuit City's Secret Service Plan," *BusinessWeek.com*, August 24, 2008, http://www.businessweek.com/investor/content/aug2006/pi20060824_857413.htm; Circuit City Stores, Inc., *Annual Report 2006*(Richmond, VA: Circuir City Stores, Inc., 2006); Circuit City Stores, Inc., *Annual Report 2007*(Richmond, VA: Circuit City Stores, Inc., 2007); Circuit City Stores, Inc., *Annual Report 2008*(Richmond, VA: Circuit City Stores, Inc., 2008); Louis Llovio, "No Deal for Circuit City," *Times-Dispatch*, July 2, 2008.
116) "Scott Paper Fights Back At Last," *Business Week*, February 16, 1981, 104; Bill Saporito, "Scott Isn't Lumbering Anymore," *Fortune*, September 20, 1985, 48.
117) Ames Department Stores, Inc., *Annual Reports*, for years 1992-2000(Rocky Hill, CT Ames Department Stores, Inc., 1993-2001); Pete Hisey, "Ames Nears Day of Reckoning," *Discount Store News*, August 6, 1990, 1; Jeffrey Arlen, "Fashioning the Turn Around at Ames," *Discount Store News*, April 18, 1994, A10; Don Kaplan, "Ames Redefines Its Niche in the Northeast," *Daily News Record*, October 14, 1994, 3; Dianne M. Pogoda, "Ames is Battling Back," *WWD*, October 26, 1994, 10; Donna Boyle Schwartz, "Hanging Tough," *HFN-The Weekly Newspaper for the Home Furnishing Network*, November 20, 1995, 1; James Mammarella, "Joe Ettore: President, CEO, Ames," *Discount Store News*, December 4, 1995, 36; Valerie Seckler, "Ames's Strategy for Survival," *WWD*, March 19, 1997, 20; Joyce R. Ochs, "Anatomy of a Bankruptcy," *Business Credit 99*, no. 9(October 1997): 20; Jean E. Palmieri, "At the Magic Show, Ames' Buyers Will Be Seeking the Next Wave in Tops," *Daily News Record*, February 22, 1999, 18; Mike Duff, "Discount Veteran Ames to Liquidate After 44 Years," *DSN Retailing Today*, August 26, 2002, 1.
118) "A&P's Ploy: Cutting Prices to Turn a Profit," *Business Week*, May 20, 1972, 76; William I. Walsh, *The Rise and Decline of the Great Atlantic & Pacific Tea Company*(Secaucus, NJ: Lyle Stuart, Inc., 1986), 146; Mary Bralove, "Price War in Supermarkets Imperils Some As A&P Sets Out to Regain Market Share," *Wall Street Journal*, July 21, 1972; "A&P's 'Price War' Bites Broadly and Deeply," *Business Week*, September 30, 1972, 56; Eleanor Johnson Tracy, "How A&P Got Creamed," *Fortune*, January 1973, 103; Mary Bralove, "A&P Goes Outside Ranks for First Time, Picks Scott to Assume Eventual Command," *Wall Street Journal*, December 11, 1974; Mary Bralove, "New A&P Chairman Unveils 5-Year Plan to Reverse Chain's

Declining Fortunes," *Wall Street Journal*, February 7, 1975; "National Tea's Loss is A&P's Gain," *Business Week*, October 18, 1976, 39; "A&P Puts Big Money On its Family Marts," *Business Week*, January 23, 1978, 50; Peter W. Bernstein, "Jonathan Scott's Surprising Failure at A&P," *Fortune*, November 6, 1978, 34; Peter Z. Grossman, "A&P: Should You Invest Along With the Germans?" *Financial World*, February 15, 1979, 16; Gay Sands Miller, "A&P's New President Isn't Signaling Any Retrenchment Wave Despite Deficit," *Wall Street Journal*, May 2, 1980.

119) Roger O. Crockett, "A New Company Called Motorola," *Business Week*, April 17, 2000, 86.

120) Motorola, Inc., *1999 Summary Annual Report*(Schaumburg, IL: Motorola, Inc., 2000)

121) Source: ©200601 CRSP®, Center for Research in Security Prices. Graduate School of Business, The University of Chicago. Used with Permission. All rights reserved. www.crsp.chicagobooth.edu.

122) Motorola, Inc., *2000 Summary Annual Report*(Schaumburg, IL: Motorola, Inc., 2001).

123) Barnaby Feder, "Motorola Picks an Outsider to Be Its Chief Executive," *New York Times*, December 17, 2003; Barnaby J. Feder, "New Chief to Take Reins as Motorola Takes on Challenge of Rivals," *New York Times*, January 3, 2004; Laurie J. Flynn, "Motorola Replaces Chief With an Insider," *New York Times*, December 1, 2007.

124) Texas Instruments Inc., "Interactive Timeline," *History of Innovation*(Dallas: Texas Instruments, Inc., 2008), http://www.ti.com/corp/docs/company/history/interactivetimeline.shtml; Erick Schonfeld, "Stetsons Off to Texan Technology," *Fortune*, April 17, 1995, 20, Brian O'reilly, "Texas Instruments: New Boss, Big Job," *Fortune*, July 8, 1985, 60; "Texas Instruments Inc.," *Business and Company Resource Center* (Farmington Hills, MI: The Gale Group, Inc., 2006), document number:12501307-109; Steve Lohr, "Jerry R. Junkins, 58, Dies; Headed Texas Instruments," New York Times, May 30, 1996.

125) Caleb Pirtle III, *Engineering the World: Stories from the First 75 Years of Texas Instruments*(Dallas: Southern Methodist University Press, 2005), 144-146; Peter Bussow and Jonathan B. Levine, "TI is Moving Up in the World," *Business Week*, August 2, 1993, 46.

126) Karen Blumenthal, "Texas Instruments Focuses on Youth as it Names Engibous President, CEO," *Wall Street Journal*, June 21, 1996; Robert Ristelbueber, "Texas Tornado," *Electronic Business 23*, no. 12(December 1997): 35; Erick Schonfeld, "Hotter that Intel," *Fortune*, October 11, 1999, 179; Elisa Williams, "Mixed Signals,"

Forbes, May 28, 2001, 80.

127) Andrew Park, "For Every Gizmo, a TI Chip," *Business Week*, August 16, 2004, 52.

128) Source: ⓒ200601 CRSP®, Center for Research in Security Prices. Graduate School of Business, The University of Chicago. Used with Permission. All rights reserved. www.crsp.chicagobooth.edu.

129) "Office Equipment," *Forbes*, January 1, 1963, 61.

130) "Addressograph Multigraph Had a Great Fall," *Forbes*, September 15, 1973, 88; "Taking On Xerox With a Fast Copier," *Business Week*, April 26, 1969, 78; "The Man on the Spot," *Forbes*, June 1, 1975, 24; David Pauly and James C. Jones, "Corporations: Roy Ash's Challenge," *Newsweek*, December 13, 1976, 90; "Addressograph Gets the Roy Ash Treatment," *Business Week*, March 21, 1977, 36.

131) David Pauly and James C. Jones, "Corporations: Roy Ash's Challenge," *Newsweek*, December 13, 1976, 90; "AM International: When Technolog Was Not Enough," *Business Week*, January 25, 1982, 62.

132) "Addressograph Jumps Into Word Processing,": *Business Week*, July 4, 1977, 19; Louis Kraar, "Roy Ash is Having Fun at Addressogrief-Multigrief," *Fortune*, February 27, 1978, 46; "AM International: When Technology Was Not Enough," *Business Week*, January 25, 1982, 62; Andrew Baxter, "AM International Rebuilds on its Old Foundations," *Financial Times*, March 29, 1984; Thomas C. Hayes, "Ash Forced Out of Two Am Posts," *New York times*, February 24, 1981.

133) Susie Gharib Nazem and Susan Kinsley, "How Roy Ash Got Burned," *Fortune*, April 6, 1981, 71.

134) "AM International: When Technology Was Not Enough," *Business Week*, January 25, 1982, 62.

135) "Addressograph Multigraph Had a Great Fall," *Forbes*, September 15, 1973, 88; "How AM is Pulling Itself Up Again," *Business Week*, June 13, 1983, 37; Andrew Baxter, "AM International Rebuilds on its Old Foundations," *Financial Times*, March 29, 1984; "AM International: Profits Are In, High Tech's Out," *Business Week*, July 7, 1986, 77.

136) "Addressograph Gets Ash and $2.7 Million," *Business Week*, October 4, 1976, 31; "Up From the Ashes," *Forbes*, April 16, 1979, 104; Leslie Wayne, "AM International's Struggle," *New York Times*, June 20, 1981; "AM Files Chapter 11 Petition," *New York Times*, April 15, 1982; "Cleaning Up the Mess at AM International," *Business Week*, December 3, 1984, 165; John N. Maclean, "AM Files Again For Chapter 11," *Chicago Tribune*, May 18, 1993.

137) "An Aftershock Stuns AM International," *Business Week*, March 22, 1982, 30.

138) N.R. Kleinfield, "AM's Brightest Years Now Dim Memories," *New York Times*, April 15, 1982.
139) Stuart C. Gilson and Jeremy Cott, "Scott Paper Company," *Harvard Business School*, case study #9-296-048(Boston: Harvard Business School Publishing, 1997); Albert J. Dunlap and Bob Andelman, *Mean Business: How I Save Bad Companies and Make Good Companies Great*(New York: Fireside, 1997), 11.
140) John A. Byrne and Joseph Weber, "The Shredder: Did CEO Dunlap Save Scott Paper-or Just Pretty It Up?" *Business Week*, January 15, 1996, 56.
141) John A. Byrne, *Chainsaw: The Notorious Career of Al Dunlap in the Era of Profit-at-Any-Price*(New York: HarperCollins Publishers, 2003)
142) John A. Byrne and Joseph Weber, "The Shredder: Did CEO Dunlap Save Scott Paper-or Just Pretty It Up?" *Business Week*, January 15, 1996, 56; Albert J. Dunlap and Bob Andelman, *Mean Business: How I Save Bad Companies and Make Good Companies Great*(New York: Fireside, 1997), 21.
143) "Commander McDonald of Zenith," *Fortune*, June 1945, 141.
144) Richard Hammer, "Zenith Bucks the Trend," *Fortune*, December 1960, 128; "Troubled Zenith Battles Stiffer Competition," *Business Week*, October 10, 1977, 128.
145) Richard Hammer, "Zenith Bucks the Trend," *Fortune*, December 1960, 128; "Sam Kaplan 'That's Our Plan,'" *Forbes*, May 15, 1968, 80; "Zenith Fills the Rooms at the Top," *Business Week*, May 16, 1970, 62; "The Big Winner," *Forbes*, April 1, 1974; "Every Dog Needs His Flea," *Forbes*, May 15, 1975, 131; "Troubled Zenith Battles Stiffer Competition," *Business Week*, October 10, 1977, 128; Bob Tamarkin, "Zenith's New Hope," *Forbes*, March 31, 1980, 32.
146) "Zenith to Jimmy Carter: Help!" *Forbes*, December 15, 1976, 43; "Troubled Zenith Battles Stiffer Competition," *Business Week*, October 10, 1977, 128.
147) Bob Tamarkin, "Zenith's New Hope," *Forbes*, March 31, 1980, 32; "Zenith May Lead the Way in the Video Revolution," *Business Week*, February 23, 1981, 94; "Zenith: The Surprise in Personal Computers," *Business Week*, December 12, 1983, 102; "Zenith Wants to Give the Boob Tube a Brian," *Business Week*, May 6, 1985, 71.
148) "Zenith's Jerry Pearlman Sure is Persistent," *Business Week*, October 2, 1989, 67; "Zenith: The Surprise in Personal Computers," *Business Week*, December 12, 1983, 102.
149) "Zenith is Doing Quite Well, Thank you-In Computers," *Business Week*, July 11, 1988, 80; "Zenith's Jerry Pearlman Sure is Persistent," *Business Week*, October 2,

1989, 67; Lois Therrien, Thane Peterson, and Geoff Lewis, "Why Jerry Pearlman Gave Up His Brainchild," *Business Week*, October 16, 1989, 35; "Zenith's Bright Side and Its Dark Side," *Forbes*, May 2, 1988, 112.

150) Lisa Kartus, "The Strange Folks Picking on Zenith," *Fortune*, December 19, 1988, 79; Lois Therrien, Thane Peterson, and Geoff Lewis, "Why Jerry Pearlman Gave Up His Brainchild," *Business Week*, October 16, 1989, 35; Robert L. Rose, "Zenith Faces Liquidity Crunch in Wake of Price Wars," *Wall Street Journal*, November 11, 1992; "Zenith Dials Up a New CEO," *Business Week*, March 13, 1995; "Getting the Picture," *Crain's Chicago Business 20*, no. 2(January 13, 1997): 13.

151) Lisa Kartus, "The Strange Folks Picking on Zenith," *Fortune*, December 19, 1988, 79; Lois Therrien, "HDTV Isn't Clearing Up Zenith's Picture," *Business Week*, February 25, 1991, 56; H. Garrett DeYoung, "An Improving Picture for Zenith?" *Electronic Business*, June 1993, 83; " 'A Short Leash' at Zenith," *Business Week*, January 31, 1994, 31; Laxmi Nakarmi, Richard A. Melcher, and Edith Updike, "Will Lucky Goldstar Reach Its Peak with Zenith?" *Business Week*, August 7, 1995, 40; "Zenith Faces Liquidity Crunch in Wake of Price Wars," *Wall Street Journal*, November 11, 1992; Carl Quintanilla and Robert L. Rose, "Zenith Turns to a Turnaround Expert in Its Efforts to Fatten Up Bottom Line," *Wall Street Journal*, January 7, 1998; "Zenith Electronics Corporation: History," Hoovers, http://permium.hoovers.com/subscribe/co/history.xhtml?ID=ffffrrjjfffhrtfkfc; Liz Brooks, "Zenith Electronics' New Focus on the Digital Sector Is Discussed," Adweek Magazine's Technology Marketing 21, no. 10(November 2001): 26; "Why Jerry Pearlman Gave Up His Brainchild," *Business Week*, October 16, 1989, 35; "Zenith Wishes on a Lucky-Goldstar," *Business Week*, March 11, 1991; Carol Haber and Chad Fasca, "One Last Rescue For Zenith," *Electronic News 44*, no. 2206(February 16, 1998): 53.

152) Xerox Corporation, *Annual Report 2002*(Stamford, CT: Xerox Corporation, 2003) Pamela L. Moore, "She's Here to Fix the Xerox," *Business Week*, August 6, 2001, 47; J. P. Donlon, "The X-Factor," *Chief Executive*, June 2008; Anthony Bianco and Pamela L. Moore, "The Downfall: The Inside Story of the Management Fiasco at Xerox," *Business Week*, March 5, 2001, 82.

153) Kevin Maney, "Mulcahy Traces Steps of Xerox's Comeback," *USA Today*, September 21, 2006.

154) Betsy Morris, "The Accidental CEO," Fortune, June 23, 2003, 58.

155) Kevin Maney, "Mulcahy Traces Steps of Xerox's Comeback," *USA Today*, September 21, 2006.

156) Kathleen Cholewka, "Xerox's Savior?" *Sales and Marketing Management* 153, no. 4(April 2001); Patricia Sellers and Cora Daniels, "The 50 Most Powerful Women in American Business," *Fortune*, October 12, 1998, 76; Patricia Sellers, "These Women Rule: Hewlett-Packard's New CEO and President Tops Fortune's Second Annual Ranking of the 50 Most Powerful Women in American Business," *Fortune*, October 25, 1999, 94.
157) Betsy Morris, "The Accidental CEO," *Fortune*, June 23, 2003, 58.
158) Karen Lowry Miller, "The Quiet CEOs," *Newsweek*, December 20, 2004.
159) Jim Collins research team analysis.
160) Nanette Byrnes, "Lessons form a Baptism by Fire," *Business Week*, August 12, 2002, 64.
161) Pamela L. Moore, "She's Here to Fix the Xerox," *Business Week*, August 6, 2001, 47.
162) Betsy Morris, "The Accidental CEO," *Fortune*, June 23, 2003, 58.
163) Nanette Byrnes, "Lessons from a Baptism by Fire," *Business Week*, August 12, 2002, 64; J. P. Donlon, "The X-Factor," *Chief Executive*, June 2008.
164) J. P. Donlon, "The X-Factor," *Chief Executive*, June 2008; Nanette Byrnes, "Lessons from a Baptism by Fire," *Business Week*, August 12, 2002, 64; Pamela L. Moore, "She's Here to Fix the Xerox," *Business Week*, August 6, 2001, 47.
165) J. P. Donlon, "The X-Factor," *Chief Executive*, June 2008.
166) Dick Clark, conversation with author.
167) Joseph A. Schumpeter, *Capitalism, Socialism and Democracy*(New York: Harper Torchbooks, 1962)
168) William Manchester, *The Last Lion: Winston Spencer Churchill, Visions of Glory 1874-1932*(New York: Dell Publishing, 1983), 614, 857, 860, 878-880, 883; J. Rufus Fears, *Churchill*(Chantilly, VA: The Teaching Company Limited Partnership, 2001), audiotapes of lectures by J. Rufus Fears, Lectures 5-12.
169) William Manchester, *The Last Lion: Winston Spencer Churchill, Visions of Glory 1874-1932*(New York: Dell Puclishin, 1983), 883; J. Rufus Fears, *Churchill*(Chantilly, VA: The Teaching Company Limited Partnership, 2001), audiotapes of lectures by J. Rufus Fears, Lectures 5-12.
170) William Manchester, *The Last Lion: Winston Spencer Churchill, Visions of Glory 1874-1932*(New York: Dell Publishing, 1983), 32; The Churchill Centre, "We Shall Fight on the Beaches," *Selected Speeches of Winston Churchill*, http://www.winstonchurchill.org/i4a/pages/index.cfm?pageid=393.
171) The Churchill Centre, "Never Give In, Never, Never, Never," *Selected Speeches of*

Winston Churchill, http://www.winstonchurchill.org/i4a/pages/index.cfm?pageid=423;J. Rufus Fears, *Churchill*(Chantilly, VA: The Teaching Company Limited Partnership, 2001), audiotapes of lectures by J. Rufus Fears, Lectures 5-12.

172) "How the Rescue Plan Will Work," *Washington Post*, September 8, 2008.

173) Fannie Mae, *Investor Relations: Stock Information,* http://www.fanniemae.com/ir/resources/index.jhtml?s=Stock+Information.

174) Charles Duhigg, "The Reckoning: Pressured to Take More Risk, Fannie Reached Tipping Point," *New York Times*, October 5, 2008.

175) "A Conversation with Vikrim Pandit, CEO of Citigroup," *The Charlie Rose Show*, November 25, 2008, http://www.charlierose.com/view/interview/9653.

176) Timothy L. O'Brien and Jennifer Lee, "A Seismic Shift Under the House of Fannie Mae," *New York Times*, October 3, 2004; Bethany McLean, "The Fall of Fannie Mae," *Fortune*, January 24, 2005, 122; Annys Shin, "Report Details Raines's Clout at Fannie Mae," *Washington Post*, February 24, 2006; James R. Hagerty and Joann S. Lublin, "Mudd Plans Fannie Makeover," *Wall Street Journal*, December 24, 2004; Stephen Labaton and Eric Dash, "Loan Buyer Accounting Is Faulted," *Washington Post*, February 24, 2006; Terence O'Hara, "The Fannie Mae Report," *Washington Post*, February 24, 2006; Eric Dash and Michael J. de la Merced, "Regulators Denounce Fannie Mae," *New York Times*, May 24, 2006.

177) Fannie Mae, "Letter to Shareholders," *2001 Annual Report*(Washington, DC: Fannie Mae, 2002), 2; Annys Shin, "Examining Fannie Mae; How s Former Chief Helped Shape the Company's Culture," *Washington Post*, May 24, 2006; Russell Roberts, "How Government Stoked the Mania," *Wall Street Journal*, October 3, 2008.

178) Fannie Mae, *2001 Annual Report*(Washington, DC: Fannie Mae, 2002), 9, 49; Janice Revell, "Fannie Mae Is Plenty Safe," *Fortune*, May 27, 2002, 77; Patrick Barta, "Loan Stars: Why Calls Are Rising to Clip Fannie Mae's, Freddie Mac's Wings," *Wall Street Journal*, July 14, 2000.

179) Fannie Mae, "Letter to Shareholders," *2002 Annual Report*(Washington, DC: Fannie Mae, 2003); Fannie Mae, "Letter to Shareholders," *2003 Annual Report*(Washington, DC: Fannie Mae, 2004)

180) Office of Federal Housing Enterprise Oversight, "Report of Findings to Date," *Special Examination of Fannie Mae*(Washington, DC: OFHEO, 2004), i, report released on September 17, 2004.

181) Eric Dash and Stephen Labaton, "The Welcome Mat Is Out," Washington Post, February 18, 2006; Fannie Mae, *2005 Form 10-K*(Washington, DC: Fannie Mae, 2006), 52 and 91; Fannie Mae, *2006 Annual Report*(Washington, DC: Fannie Mae,

2007), 37.

182) Annys Shin, "New Paths for Mortgage Giants," *Washington Post*, December 5, 2005.

183) Fannie Mae, "Letter to Shareholders," *2006 Annual Report*(Washington, DC: Fannie Mae, 2007), 5; David S. Hilzenrath, "Fannie, Freddie Face Confliction Demands," *Washington Post*, December 4, 2007; "End of Illusions; Fannie Mae and Freddie Mac," *Economist*, July 19, 2008; David S. Hilzenrath, "Fannie's Perilous Pursuit of Subprime Loans," *Washington Post*, August 19, 2008.

184) Charles Duhigg, "The Reckoning: Pressured to Take More Risk, Fannie Reached Tipping Point," *New York Times*, October 5, 2008.

185) David S. Hilzenrath, "Fannie Loses $2.2 Billion As Home Prices Fall," *Washington Post*, May 7, 2008; Charles Duhigg, "Mortgage Giants to Buy Fewer Risky Home Loans," New York Times, August 9, 2008; "How the Rescue Plan Will Work," *Washington Post*, September 8, 2008.

186) "Office Equipment," *Forbes*, January 1, 1964, 79; "The Competitive Office Equipments," *Financial World*, May 19, 1965, P. 6; "Information Processing," *Forbes*, January 1, 1968, 47.

187) "Taking On Xerox with a Fast Copier," *Business Week*, April 26, 1969, 78; "Addressograph Multigraph Had a Great Fall," *Forbes*, September 15, 1973, 88; David Pauly and James C. Jones, "Corporations: Roy Ash's Challenge," *Newsweek*, December 13, 1976, 90; "The Man on the Spot," *Forbes*, June 1, 1975, 24.

188) Al Heller, "Gilman's Informality Spurs Creativity, Growth at Ames," *Discount Store News*, August 19, 1985, 1; Elizabeth Rourke and David E. Salamie, "Ames Department Stores, Inc.," *International Directory of Company Histories, Vol. 30*(New York: St. James Press, 2000), 55.

189) Peter Hisey, "Herb Gilman: 'The Concept is So Simple,'" *Discount Store News*, May 23, 1988, 49; Steven Jacober, "Ames Redefines Itself at $2 Billion," *DM*, August 1988, 22; "Building Ames with Careful Shopping," *Discount Store News*, September 25, 1989, 85; Joseph Pereira, "Digesting Zayre Gives Ames Heartburn," *Wall Street Journal*, December 28, 1989; Ames Department Stores, Inc., *1989 Annual Report to Stockholders*(Rocky Hill, CT: Ames Department Stores, Inc., 1990), 13-14.

190) "Under the Wire," *Forbes*, June 15, 1969, 61; Milton Moskowitz, "Bank of America's Rocky Road to Corporate Social Responsibility," *Bankers Magazine*, Autumn 1977, 77. "Why They're Slowing Growth at the World's Biggest Bank," *Business Week*, February 24, 1975, 54.

191) John J. O'Rourke, "Bank of America's Tom Clausen... A Man for the Seventies,"

Burroughs Clearing House, January 1970, 1, 21.

192) "The Biggest Bank Bets More on High Risk," *Business Week*, May 22, 1971, 80.

193) "Why They're Slowing Growth at the World's Biggest Bank," *Business Week*, February 24, 1975, 54.

194) "BankAmericard Due to Carry New Name Beginning Next Year," *Wall Street Journal*, August 20, 1976.

195) G. Christian Hill and Mike Tharp, "Stumbling Giant: Big Quarterly Deficit Stuns BankAmerica, Adds Pressure on Chief," *Wall Street Journal*, July 18, 1985; Gary Hector, *Breaking The Bank: The Decline of BankAmerica*(Boston: Little, Brown & Company, 1988), 190-192.

196) Circuit City Stores, Inc., "Management Letter," *Annual Report 1996*(Richmond, VA: Circuit City Stores, Inc, 1996), 4.

197) John R. Wells, "Circuit City Stores, Inc.: Strategic Dilemmas," *Harvard Business School*, case study #9-706-419(Boston: Harvard Business School Publishing, 2005); Peter Spiegel, "Car Crash," *Forbes*, May 17, 1999.

198) Evan Ramstad, "Circuit City CEO Meets with Rivals to Peddle Alternative DVD Product," *Wall Street Journal*, January 14, 1998; "Richard L. Sharp-Circuit City Stores Inc. (CC)," *Wall Street Transcript*, November 11, 1998.

199) Gregory C. Rogers, "Human Resources at Hewlett-Packard (A)," *Harvard Business School*, case study #9-495-051(Boston: Harvard Business School Publishing, 1995); Michael Beer, Rakesh Khurana, and James Weber, "Hewlett-Packard: Culture in Changing Times," *Harvard Business School*, case study #0-404-087(Boston: Harvard Business School Publishing, 2005)

200) Alan Deutschman, "How HP Continues to Grow and Grow," *Fortune*, May 2, 1994, 90.

201) Dana Wechsler Linden and Bruce Upbin, "Top Corporate Performance of 1995: 'Boy Scouts on a Rampage,'" *Forbes*, January 1, 1996, 66.

202) John H. Sheridan, "Lew Platt: Creating a Culture for Innovation," *Industry Week*, December 19, 1994, 26; Alan Deutschman, "How HP Continues to Grow and Grow," *Fortune*, May 2, 1994, 90; Jennifer Telford, "Street-Smart CEO Shapes Hewlett Packard Vision," *Denver Business Journal*, March 1-7, 1996, 1.

203) David Einstein, "Anonymous, Inc.," *Marketing Computers* 15, no. 4(April 1995): 28: Peter Burrows, "The Printer King Invades Home PCs," *Business Week*, August 21, 1995, 74; Richard A. Shaffer, "The Bittersweet Success of Home PCs," *Forbes*, September 11, 1995, 262; Lee Gomes, "Hewlett-Packard Sets Its PC Bar Higher and Higher," *Wall Street Journal*, September 8, 1997.

204) Arthur M. Louis, "HP to Quit Disk-Drive Business," *San Francisco Chronicle*, July 11, 1996; Tom Quinlan and Scott Thurm, "HP Buys Electronic Card Firm Verifone," *San Jose Mercury News*, April 24, 1997; Nikhil Hutheesing, "HP's Giant ATM," *Forbes*, February 9, 1998, 96.
205) Brian Gillooly, "HP's New Course," *Information Week*, March 20, 1995, 45; Peter Burrows, Geoffrey Smith and Steven V. Brull, "HP Pictures the Future," *Business Week*, July 7, 1997, 100.
206) Joseph Weber and Rochelle Shoretz, "Is This Rx Too Costly for Merck?" *Business Week*, August 9, 1993, 28; Joseph Weber, "Mr. Nice Guy With a Mission," *Business Week*, November 25, 1996, 132; Merck & Co., Inc., *1995 Annual Report*(White-house Station, Nj: Merck & Co., Inc, 1996).
207) Merck & Co., Inc., "Letter to Shareholders," *Annual Report 2000*(Whitehouse Station, NJ: Merck & Co., Inc., 1996)
208) John Simons, "Will R&D Make Merck Hot Again?" *Fortune*, July 8, 2002, 89.
209) Merck & Co., Inc., *1998 Annual Report*(Whitehouse Station, NJ: Merck & Co., Inc., 1999), 22.
210) Barnaby J. Feder, "Motorola Will Be Just Fine, Thanks," *New York Times*, October 31, 1993.
211) Karl Schoenberger, "Motorola Bets Big on China," *Fortune*, May 27, 1996, 116.
212) Quentin Hardy, "Unsolid State: Motorola, Broadsided by the Digital Era, Struggles for a Footing," *Wall Street Journal*, April 22, 1998.
213) Karl Schoenberger, "Motorola Bets Big on China," *Fortune*, May 27, 1996, 116; Rick Tetzeli, "And Now for Motorola's Next Trick." *Fortune*, April 28, 1997, 122.
214) Motorola, Inc., *1995 Summary Annual Report*(Schaumburg, IL: Motorola, Inc., 1996), 12.
215) Gary Slutsker, "The Company that Likes to Obsolete Itself," *Forbes*, September 13, 1993, 139; Ronald Henkoff, "Keeping Motorola on a Roll," *Fortune*, April 18, 1994, 67.
216) Lois Therrien, "The Rival Japan Respects," *Business Week*, November 13, 1989, 108; Motorola, Inc., "About Motorola University: The Inventors of Six Sigma," *Motorola University*, http://www.motorola.com/content.jsp?globalObjectId=3079.
217) G. Christian Hill and Ken Yamada, "Staying Power: Motorola Illustrates How An Aged Giant Can Remain Vibrant," *Wall Street Journal*, December 9, 1992.
218) Jim Collins, *Good to Great: How Some Companies Make the Leap... and Others Don't*(New York: HarperCollins Publishers, Inc., 2001), 26.
219) Zachary Schiller, "At Rubbermaid, Little Things Mean A Lot," *Business Week*,

November 11, 1991, 126.

220) Rahul Jacob, "Thriving in a Lame Economy," *Fortune*, October 5, 1992, 44.

221) Seth Lubove, "Okay, Call Me A Predator," *Forbes*, February 15, 1993, 150.

222) Seth Lubove, "Okay, Call Me A Predator," *Forbes*, February 15, 1993, 150.

223) Wolfgang R. Schmitt, "A Growth Strategy," *Executive Excellence* 11, no. 8(August 1994): 17.

224) "Scott Paper Fights Back, At Last," *Business Week*, February 16, 1981, 104; "Profits Peak for Scott Paper," *Financial World*, April 22, 1970, 13; Ira U. Cobleigh, "Scott Paper Company," *Commercial and Financial Chronicle*, January 22, 1970, 5; "A Pater Tiger Grow Claws," *Business Week*, August 23, 1969, 100; "Scott Paper: Back On Its Feet," *Forbes*, December 15, 1976, 69.

225) "A Pater Tiger Grows Claws," *Business Week*, August 23, 1969, 100.

226) "Zenith Electronics Corporation," *Electrical & Electronics*, [no date], 123.

227) "Sam Kaplan: 'That's Our Plan,'" *Forbes*, May 15, 1968, 80; "Zenith Electronics Corporation," Electrical & Electronics, [no date], 123; "Zenith Fills the Rooms at the Top," Business Week, May 16, 1970, 62.

228) "Zenith Fills the Rooms at the Top," *Business Week*, May 16, 1970, 62.

229) "Troubled Zenith Battles Stiffer Competition," *Business Week*, October 10, 1977, 128; "Zenith Radio Corporation (C)," *Harvard Business School*, case study #9-674-095(Boston: Harvard Business School Publishing, 1977); "Every Dog Needs His Flea," *Forbes*, May 15, 1975, 131.

230) "The Big Winner," *Forbes*, April 1, 1974.

231) Richard Hammer, "Zenith Bucks the Trend," *Fortune*, December 1960, 128; "At Zenith and On the Spot," *Forbes*, September 1, 1961, 19; "Every Dog Needs His Flea," *Forbes*, May 15, 1975, 131.

232) William I. Walsh, *The Rise and Decline of the Great Atlantic & Pacific Tea Company*(Secaucus, NJ: Lyle Stuart, Inc., 1986). 94, 111; "Hermit Kingdom," *Wall Street Journal*, December 12, 1958; "Pinching 500 Billion Pennies," *Fortune*, March 1963, 105; "New Crowd Minds Store for the Tea Company," *Business Week*, June 13, 1964, 90.

233) "Pinching 500 Billion Pennies," *Fortune*, March 1963, 105.

234) William I. Walsh, *The Rise and Decline of the Great Atlantic & Pacific Tea Company*(Secaucus, NJ: Lyle Stuart, Inc., 1986), 94.

235) William I. Walsh, *The Rise and Decline of the Great Atlantic & Pacific Tea Company*(Secaucus, NJ: Lyle Stuart, Inc., 1986), 104-105; Norman C. Miller, Jr., "Ailing A&P," Wall Street Journal, April 21, 1964.

236) "A&P's 'Price War' Bites Broadly and Deeply," *Business Week*, September 30, 1972, 56; "Shopping Center Shoot-Out: Price War in Supermarkets Imperils Some as A&P Sets Out to Regain Market Share," *Wall Street Journal*, July 21, 1972.

237) "A&P's Ploy: Cutting Prices to Turn a Profit," *Business Week*, May 20, 1972, 76; William I. Walsh, *The Rise and Decline of the Great Atlantic & Pacific Tea Company*(Secaucus, NJ: Lyle Stuart, Inc., 1986), 146; "A&P's 'Price War' Bites Broadly and Deeply," *Business Week*, September 30, 1972, 56; Eleanor Johnson Tracy, "How A&P Got Creamed," *Fortune*, January, 1973, 103; Mary Bralove, "New A&P Chairman Unveils 5-Year Plan to Reverse Chain's Declining Fortunes," *Wall Street Journal*, February 7, 1975; "A&P Puts Big Money On Its Family Marts," *Business Week*, January 23, 1978, 50; "Stumbling Giant," Wall Street Journal, January 10, 1978; Peter W. Bernstein, "Jonathan Scott's Surprising Failure at A&P," *Fortune*, November 6, 1978, 34; "German Group Planning to Buy 42% A&P Stake," *Wall Street Journal*, January 17, 1979; Gay Sands Miller, "A&P's New President Isn't Signaling Any Retrenchment Wave Despite Deficit," *Wall Street Journal*, May 2, 1980.

238) "Addressograph Multigraph Had a Great Fall," *Forbes*, September 15, 1973, 88; "Taking on Xerox with a Fast Copier," *Business Week*, April 26, 1969, 78; "The Man on the Spot," *Forbes*, June 1, 1975, 24; David Pauly and James C. Jones, "Corporations: Roy Ash's Challenge," *Newsweek*, December 13, 1976, 90; "AM International: When Technology Was Not Enough," *Business Week*, January 25, 1982, 62; "Addressograph Gets the Roy As Treatment," *Business Week*, March 21, 1977, 36; Louis Kraar, "Roy Ash is Having Fun at Addressogrief-Multigrief," *Fortune*, February 27, 1978, 46; Andrew Baxter, "AM International Rebuilds On Its Old Foundations," *Financial Times*, March 29, 1984; Susie Gharib Nazem, "How Roy Ash Got Burned," *Fortune*, April 6, 1981, 71; "An Aftershock Stuns AM International," *Business Week*, March 22, 1982, 30; N. R. Kleinfield, "AM's Brightest Years Now Dim Memories," *New York Times*, April 15, 1982; "AM Files Chapter 11 Petition," *New York Times*, April 15, 1982.

239) Ames Department Stores, Inc., "Letter to the Shareholders," *Annual Report 1993*(Rocky Hill, CT: Ames Department Stores, Inc., 1993), 2; Ames Department Stores, Inc., "Letter to the Shareholders," *Annual Report 1995*(Rocky Hill, CT: Ames Department Stores, Inc., 1996), 3; Ames Department Stores, Inc., "Letter to the Shareholders," *Annual Report Fiscal 1999*(Rocky Hill, CT: Ames Department Stores, Inc., 2000), 2; "Ames Nears Day of Reckoning," *Discount Store News*, August 6, 1990, 1; Don Kaplan, "Ames Redefines Its Niche in the Northeast," *Daily News*

Record, October 14, 1994, 3; Donna Boyle Schwartz, "Hanging Tough," *HFM: The Weekly Newspaper for Home Furnishing Network*, November 20, 1995, 1; Jean E. Palmieri, "At the Magic Show, Ames' Buyers Will Be Seeking the Next Wave in Tops," *Daily News Record*, February 22, 1999, 18; Mike Duff, "Discount Veteran Ames to Liquidate After 44 yrs," *DSN Retailing Today*, August 26, 2002, 1.

240) Gary Hector, "More Than Mortgages Ails BankAmerica," *Fortune*, April 1, 1985, 50; "Bank of America Rushes Into the Information Age," *Business Week*, April 15, 1985, 110; George Palmer, "Sam Armacost's Sea of Troubles at BankAmerica," *Banker*, September 1985, 18; "BankAmerica: Wrenching Year," *Banker*, March 1986, 7; Richard B. Schmitt and G. Christian Hill, "BankAmerica Names Clausen Top Executive," *Wall Street Journal*, October 13, 1986; Jonathan B. Levine, "Clausen May Be the Safe Choice, But Is He the Right One?" *Business Week*, October, 27, 1986, 108; Richard B. Schmitt, "Reviving Giant," *Wall Street Journal*, July 18, 1988.

241) Circuit City Stores, Inc., *Annual Reports 2002-2007*(Richmond, VA: Circuit City Stores, Inc., 2002-2007); "Circuit City Stores, Inc, (C)," *Wall Street Journal*, November 5, 1987; Philip H. Dougherty, "Advertising: Research on Haggling Influences Ad Effort," *New York Times*, November 12, 1984; "Circuit City Stores Inc. 9950," *Washington Post*, April 29, 2002; Martha McNeil Hamilton, "Circuit City's New Direction," *Washington Post*, February 16, 2002; Stuart Elliott, "Circuit City Uses an Old Song to Personify Customer Advice," *New York Times*, October 1, 2004; Terence O'Hara, "Circuit City Taps President to be New CEO," *Washington Post*, December 20, 2005; John R. Wells, "Circuit City Stores, Inc.: Strategic Dilemmas," *Harvard Business School*, case study #9-706-419(Boston: Harvard Business School Publishing, 2005), 7; Pallavi Gogoi, "Circuit City: Due for a Change?" *BusinessWeek.com*, February 29, 2008, http://www.businessweek.com/bwdaily/dnflash/content/feb2008/db20080229_251654.htm; Pallavi Gogoi, "Is Circuit City Up for Sale?" *BusinessWeek.com*, April 8, 2008, http://www.businessweek.com/bwdaily/dnflash/content/apr2008/ db2008048_602083.htm.; Pallavi Gogoi, "Is Circuit City Headed For a Blowout?" *BusinessWeek.com*, July 2, 2008, http://www.businessweek.com/bwdaily/dnflash/content/jul2008/db2008072_040726.htm

242) Brian P. Knestout, "Hewlett-Packard: Separating Dr. Jekyll From Mr. Hyde," *Kiplinger's Personal Finance Magazine*, May 1999, 28; David P. Hamilton and Rebecca Blumenstein, "HP Names Carly Fiorina, A Lucent Star, To Be CEO," *Wall Street Journal*, July 20, 2999; Hewlett-Packard Company,*s*(Palo Alto: Hewlett-Packard Company, 2000); "HP Sends Letter to Shareowners on Value of Compaq

Merger," *Business Wire,* January 18, 2002; Hewlett-Packard Company, *2002 Annual Report*(Palo Alto, CA: Hewlett-Packard Company, 2002); Carol J. Loomis, "Why Carly's Big Bet is Failing," *Fortune,* February 7, 2005, 50; Ben Elgin, "The Inside Story of Carly's Ouster," *BusinessWeek.com,* February 21, 2005,http://www.businessweek.com/technology/content/feb2005/tc20050210_5176_tc119.htm; Carly Fiorina, *Tough Choices: A Memoir*(New York: Penguin Group, 2006); "If HP Just Wants to Cut Costs, It Picked the Right Guy," *Business Week,* May 2, 2005, 20.

243) Barnaby Feder, "Motorola Picks an Outsider to Be Its Chief Executive," *New York Times,* December 17, 2003; Laurie J. Flynn, "Motorola Replaces Chief With an Insider," *New York Times,* December 1, 2007; Motorola, Inc., *1999-2004 Summary Annual Report*(Schaumburg, IL: Motorola, Inc., 2000-2005); David Barboza, "Motorola Rolls Itself Over," *New York Times,* July 14, 1999; Roger O. Crockett, "A New Company Called Motorola," *Business Week,* April 17, 2000, 86; Roger O. Crockett, "Chris Galvin Shakes Things Up-Again," *Business Week,* May 28, 2001, 38; Roger O. Crockett, "Motorola," *Business Week,* July 16, 2001, 72; Roger O. Crockett, "Reinventing Motorola," *Business Week,* August 9, 2004, 98.

244) Claudia H. Deutsch, "A Giant Awakens, To Yawns: Is Rubbermaid Reacting Too Late?" *New York Times,* December 22, 1996; Susan Sowa, "Restructuring May Salvage Rubbermaid," *Rubber & Plastics News 25,* no. 10(December 18, 1995): 7; Lornet Turnbull, "Ohio-Based Rubbermaid Inc. Heeds Findings from Consumer Focus Groups," *Akron Beacon Journal,* February 18, 1996.

245) Raju Nrisetti, "Rubbermaid's Plan to Buy Graco Is Eclipsed by Poor Profit Forecast," *Wall Street Journal,* September 5, 1996; "Rubbermaid Sells Division To Newell," *Discount Store News,* May 19, 1997, 2; Glenn Gamboa "Rubbermaid Corp. Is Proposing a Nice, Neat Solution," *Akron Beacon Journal,* August 6, 1997; "Rubbermaid to Consolidate Its Manufacturing, Distribution Operations," *Akron Beacon Journal,* January 22, 1998; "Rubbermaid: Giant With a Fearful Sense of Purpose," *DIY Week,* February 6, 1998, 22; Timothy Aeppel, "Rubbermaid Is On a Tear, Sweeping Away the Cobwebs," *Wall Street Journal,* September 8, 1998.

246) Michael J. Milne, "Scott Paper Is On a Roll," *Management Review 77,* no 3(March 1988): 37.

247) "Scott Paper Fights Back, At Last," *Business Week,* February 16, 1981, 104.

248) Bill Saporito, "Scott Isn't Lumbering Anymore," *Fortune,* September 30, 1985, 48; Michael J. Milne, "Scott Paper Is On a Roll," *Management Review 77,* no. 3(March 1988): 37; "Scott Paper Co.-History," *Gale Business Resources,* 1990; "North American Earnings Plunge Again," *Pulp & Paper 65,* no. 13(December 1991): 25;

Stuart C. Gilson and Jeremy Cott, "Scott Paper Company," *Harvard Business School*, case study #9-296-048(Boston: Harvard Business School Publishing, 1997); Albert J. Dunlap and Bob Andelman, *Mean Business: How I Save Bad Companies and Make Good Companies Great*(New York: Fireside, 1997)

249) "Zenith Wants to Give the Boob Tube a Brain," *Business Week*, May 6, 1985, 71; Bob Tamarkin, "Zenith's New Hope," *Forbes*, March 31, 1980, 32; "Zenith May Lead the Way in the Video Revolution," *Business Week*, February 23, 1981, 94.

250) Robert Levering, Milton Moskowitz, and Michael Katz, "International Business Machines Corporation," *The 100 Best Companies to Work For In America*(New York: New American Library, 1984), 163; Jonathan Martin, "IBM: International Business Machines Corporation," *Information Technology*, [no date], 147; David Kirkpatrick, "Breaking Up IBM," *Fortune*, July 27, 1992, 44; International Business Machines, *IBM 1992 Annual Report*(Armonk, NY: International Business Machines Corporation, 1993); International Business Machines, *IBM 1993 Annual Report* (Armonk, NY: International Business Machines Corporation, 1994).

251) Louis V. Gerstner, Jr., *Who Says Elephants Can't Dance? Inside IBM's Historic Turnaround*(New York: HarperCollins, 2002), dedication, 279.

252) Louis V. Gerstner, Jr., *Who Says Elephants Can't Dance? Inside IBM's Historic Turnaround*(New York: HarperCollins, 2002), 36, 54, 88, 102, 208; Judith H. Dobrzynski, "Rethinking IBM," *Business Week*, October 4, 1993, 86; Ira Sager, "IBM Reboots-Bit By Bit," *Business Week*, January 17, 1994, 82.

253) Louis V. Gerstner, Jr., *Who Says Elephants Can't Dance? Inside IBM's Historic Turnaround*(New York: HarperCollins, 2002), 44, 48, 50, 61, 63, 67, 72, 139, 204, 223.

254) Louis V. Gerstner, Jr., *Who Says Elephants Can't Dance? Inside IBM's Historic Turnaround*(New York: HarperCollins, 2002), 60, 132.

255) Louis V. Gerstner, Jr., *Who Says Elephants Can't Dance? Inside IBM's Historic Turnaround*(New York: HarperCollins, 2002), 1, 186, 201, 205, 221.

256) Louis V. Gerstner, Jr., *Who Says Elephants Can't Dance? Inside IBM's Historic Turnaround*(New York: HarperCollins, 2002), 20, 24, 36, 54, 57, 68-70, 92, 124, 139, 157, 165, 221; David Kirkpatrick, "Breaking Up IBM," *Fortune*, July 27, 1992, 44.

257) Louis V. Gerstner, Jr., *Who Says Elephants Can't Dance? Inside IBM's Historic Turnaround*(New York: HarperCollins, 2002), 95, 98, 182, 208, 280.

258) Louis V. Gerstner, Jr., *Who Says Elephants Can't Dance? Inside IBM's Historic Turnaround*(New York: HarperCollins, 2002), 66, 124, 188, 213.

259) Jeffrey L. Rodengen, *The Legend of Nucor*(Ft. Lauderdale, FL: Write Stuff, 1997), 63,

70, 82; Fortune 1000 rankings, from Fortune.com Website, February 9, 2001; Nucor Corporation, *2004 Annual Report*(Charlotte, NC: Nucor Corporation, 2005), 3; Nucor Corporation, *2007 Annual Report*(Charlotte, NC: Nucor Corporation, 2008), 23; John P. McDermott, "Steelmaker Nucor Pushes Ahead with Growth Plan Despite Turbulent Times," *Post and Courier*, February 20, 2001; "Nucor CEO Resigns After Dispute Over Company Direction," *Industrial Maintenance & Plant Operation*, July 1999.

260) Vicki Lee Parker, "Steel Company Nucor Dominates North Carolina Economy," *News & Observer*, June 5, 2005; John P. Mcdermott, "Steelmaker Nucor Pushes Ahead with Growth Plan Despite Turbulent Times," *Post and Courier*, February 20, 2001; Nucor Corporation, 2008 Form 10-K(Charlotte, NC: Nucor Corporation, 2008)

261) Norm Heikens, "Profitable Steel makers in Indiana Point to Management, Pay Structure," *Indianapolis Star*, February 24, 2001; Nanette Byrnes and Michael Arndt, "The Art of Motivation," *Business Week*, May 1, 2006, 56; Susan Berfield, "The Nest of 2006: Leaders," *Business Week*, December 28, 2006, 58; John P. Mcdermott, "Steelmaker Nucor Pushes Ahead with Growth Plan Despite Turbulent Times," *Post and Courier*, February 20, 2001; Jessica Marquez and Patrick J. Kiger, "Retooling Pay," Workforce Management, November 7, 2005, 1.

262) Nucor Corporation, *2000 Annual Report*(Charlotte, NC: Nucor Corporation, 2001)

263) Nucor Corporation, *2002 Annual Report*(Charlotte, NC: Nucor Corporation, 2003); Nucor Corporation, *2007 Annual Report*(Charlotte, NC: Nucor Corporation, 2008); "Nucor Gets Loan," *Wall Street Journal*, March 3, 1972, 11; "Nucor's Big-Buck Incentives," *Business Week*, September 21, 1981, 42.

264) Sue Herera, "Nucor Corp.-CEO Interview," *CEO Wire*, December 2, 2003.

265) Nucor Corporation, *2005 Annual Report*(Charlotte, NC: Nucor Corporation, 2006)

266) Nucor Corporation, *2000 Annual Report*(Charlotte, NC: Nucor Corporation, 2001); Nucor Corporation, *2001 Annual Report*(Charlotte, NC: Nucor Corporation, 2002); Nucor Corporation, *2002 Annual Report*(Charlotte, NC: Nucor Corporation, 2003); "Up From the Scrap Heap," *Business Week*, July 21, 2003.

267) Jim Collins, *Good to Great: Why Some Companies Make the Leap ... And Others Don't*(New York: HarperCollins Publishers, Inc., 2001), 107; Nucor Corporation, *2000 Annual Report*(Charlotte, NC: Nucor Corporation, 2001)

268) Nucor Corporation, *2000 Annual Report*(Charlotte, NC: Nucor Corporation, 2001); Nucor Corporation, *2001 Annual Report*(Charlotte, NC: Nucor Corporation, 2002).

269) Jessica Marquez and Patrick J. Kiger, "Retooling Pay," *Workforce Management*, November 7, 2005, 1; Anil K. Gupta and Vijay Govindarajan, "Knowledge Manage-

ment's Social Dimension: Lesson from Nucor Steel," *Sloan Management Review* 42, no. 1(Fall 2000); Susan J. Marks, "Incentives That Really Reward and Motivate," *Workforce* 80, no. 6(June 2001): 108; Nanette Byrnes and Michael Arndt, "The Art of Motivation," *Business Week*, May 1, 2006, 56.

270) Nucor Corporation, *2001 Annual Report*(Charlotte, NC: Nucor Corporation, 2002); Necor Corporation, *2003 Annual Report*(Charlotte, NC: Nucor Corporation, 2004)

271) Daniel DiMicco, "Steel Success Strategies XVI: Mini-Mill Takes Second Look-At Implementation," *American Metal Market*, June 20, 2001, 17A.

272) Nucor Corporation, *2001 Annual Report*(Charlotte, NC: Nucor Corporation, 2002)

273) Nucor Corporation, *2002 Annual Report*(Charlotte, NC: Nucor Corporation, 2003)

274) Nucor Corporation, *2002 Annual Report*(Charlotte, NC: Nucor Corporation, 2005)

275) Kathy Mulady, "Nordstrom Reports Earnings Nosedive: Disappointing Holiday Season, Economic Slump Blamed," *Seattle Post-Intelligencer*, February 23, 2001; Kathy Mulady, "Back In the Family," *Seattle Post-Intelligencer*, June 27, 2001; Rajiv Lal and Arar Han, "Nordstrom: The Turnaround," *Harvard Business School*, case study #9-505-051(Boston: Harvard Business School Publishing, 2005); Louise Lee, "Nordstrom Cleans Out Its Closets," *Business Week*, May 22, 2000, 105; Carol Tice, "Reinvention Rebuffed?" *Puget Sound Business Journal*, August 4, 2000, 1; Devon Spurgeon, "In Return to Power, The Nordstrom Family Finds A Pile of Problems," Wall Street Journal, September 8, 2000; Bill Kossen, "A Good Fit?" *Seattle Times*, May 29, 2001; "Can The Nordstroms Find the Right Style?" *Business Week*, July 30, 2001; Nordstrom, Inc., *Annual Report 2007*(Seattle: Nordstrom, Inc., 2008)

276) Rajiv Lal and Arar Han, "Nordstrom: The Turnaround," *Harvard Business School*, case study #9-505-051(Boston: Harvard Business School Publishing, 2005); Kathy Mulady, "Nordstroms Again Take The Reins," *Seattle Post-Intelligencer*, September 1, 2000.

277) Kathy Mulady, "Another Move At Nordstrom," *Seattle Post-Intelligencer*, September 12, 2000; Rajiv Lal and Arar Han, "Nordstrom: The Turn-around," *Harvard Business School*, case study #9-505-051(Boston: Harvard Business School Publishing, 2005); Robert Spector and Patrick McCarthy, *The Nordstrom Way to Customer Service Excellence*(Hoboken, NJ: John Wiley & Sons, Inc., 2005), 91, 144.

278) Bill Kossen, "A Good Fit?" *Seattle Times*, May 29, 2001; Nordstrom, Inc., *Annual Report 2002*(Seattle: Nordstrom, Inc., 2003); Rajiv Lal and Arar Han, "Nordstrom: The Turnaround," *Harvard Business School*, case study #9-505-051(Boston: Harvard Business School Publishing, 2005).

279) Rajiv Lal and Arar Han, "Nordstrom: The Turnaround," *Harvard Business School*,

case study #9-505-051(Boston: Harvard Business School Publishing, 2005)
280) Rajiv Lal and Arar Han, "Nordstrom: The Turnaround," *Harvard Business School*, case study #9-505-051(Boston: Harvard Business School Publishing, 2005); Carol Tice, "Bringing Nordstrom Back," *Puget Sound Business Journal*, December 26, 2003; Bill Kossen, "A Good Fit?" *Seattle Times*, May 29, 2001; Robert Spector and Patrick McCarthy, *The Nordstrom Way to Customer Service Excellence*(Hoboken, NJ: John Wiley & Sons, Inc., 2005), 143; Nordstrom, Inc., *Annual Report 2003* (Seattle: Nordstrom, Inc., 2004)
281) Nordstrom, Inc., *Annual Report 2002*(Seattle: Nordstrom, Inc., 2003); Bill Kossen, "A Good Fit?" *Seattle Times*, May 29, 2001; Nordstrom, Inc., *Annual Report 2003*(Seattle: Nordstrom, Inc., 2004), 11; Devon Spurgeon, "In Return to Power, The Nordstrom Family Finds A Pile of Problems," *Wall Street Journal*, September 8, 2000.
282) Rajiv Lal and Arar Han, "Nordstrom: The Turnaround," *Harvard Business School*, case study #9-505-051(Boston: Harvard Business School Publishing, 2005)
283) Jon Rhine, "Refashioning the 'Nordstrom Way,' " *San Francisco Business Times*, June 8, 2001,3; Amy Merrick, "Nordstrom Accelerates Plan to Straighten Out Business," *Wall Street Journal*, October 19, 2001; Rajiv Lal and Arar Han, "Nordstrom: The Turnaround," *Harvard Business School*, case study #9-505-051(Boston: Harvard Business School Publishing, 2005).

HOW THE MIGHTY FALL